企业危机防范

HEADS UP

〔美〕肯尼思·G. 麦基 著

于洪彦 刘洋 译

商务印书馆

2008年·北京

Kenneth G. McGee

HEADS UP

How to Anticipate Business Surprises and Seize Opportunities First

Original work copyright © Gartner, Inc.

Published by arrangement with Harvard Business School Press.

图书在版编目(CIP) 数据

企业危机防范/〔美〕麦基著；于洪彦，刘洋译. —北京：商务印书馆，2008
ISBN 978-7-100-05691-5

Ⅰ.企… Ⅱ.①麦…②于…③刘… Ⅲ.企业管理 Ⅳ.F270

中国版本图书馆 CIP 数据核字(2007)第 183931 号

所有权利保留。
未经许可，不得以任何方式使用。

企业危机防范
〔美〕肯尼思·G.麦基 著
于洪彦 刘洋 译

商 务 印 书 馆 出 版
(北京王府井大街36号 邮政编码 100710)
商 务 印 书 馆 发 行
北京瑞古冠中印刷厂印刷
ISBN 978-7-100-05691-5

2008 年 11 月第 1 版　　开本 700×1000　1/16
2008 年 11 月北京第 1 次印刷　印张 18¼
印数 5 000 册

定价：48.00 元

商务印书馆—哈佛商学院出版公司经管图书
翻译出版咨询委员会

(以姓氏笔画为序)

方晓光　盖洛普(中国)咨询有限公司副董事长
王建铆　中欧国际工商学院案例研究中心主任
卢昌崇　东北财经大学工商管理学院院长
刘持金　泛太平洋管理研究中心董事长
李维安　南开大学商学院院长
陈国青　清华大学经管学院常务副院长
陈欣章　哈佛商学院出版公司国际部总经理
陈　儒　中银国际基金管理公司执行总裁
忻　榕　哈佛《商业评论》首任主编、总策划
赵曙明　南京大学商学院院长
涂　平　北京大学光华管理学院副院长
徐二明　中国人民大学商学院院长
徐子健　对外经济贸易大学副校长
David Goehring　哈佛商学院出版社社长

致 中 国 读 者

  哈佛商学院经管图书简体中文版的出版使我十分高兴。2003年冬天,中国出版界朋友的到访,给我留下十分深刻的印象。当时,我们谈了许多,我向他们全面介绍了哈佛商学院和哈佛商学院出版公司,也安排他们去了我们的课堂。从与他们的交谈中,我了解到中国出版集团旗下的商务印书馆,是一个历史悠久、使命感很强的出版机构。后来,我从我的母亲那里了解到更多的情况。她告诉我,商务印书馆很有名,她在中学、大学里念过的书,大多都是由商务印书馆出版的。联想到与中国出版界朋友们的交流,我对商务印书馆产生了由衷的敬意,并为后来我们达成合作协议、成为战略合作伙伴而深感自豪。

  哈佛商学院是一所具有高度使命感的商学院,以培养杰出商界领袖为宗旨。作为哈佛商学院的四大部门之一,哈佛商学院出版公司延续着哈佛商学院的使命,致力于改善管理实践。迄今,我们已出版了大量具有突破性管理理念的图书,我们的许多作者都是世界著名的职业经理人和学者,这些图书在美国乃至全球都已产生了重大影响。我相信这些优秀的管理图书,通过商务印书馆的翻译出版,也会服务于中国的职业经理人和中国的管理实践。

20多年前,我结束了学生生涯,离开哈佛商学院的校园走向社会。哈佛商学院的出版物给了我很多知识和力量,对我的职业生涯产生过许多重要影响。我希望中国的读者也喜欢这些图书,并将从中获取的知识运用于自己的职业发展和管理实践。过去哈佛商学院的出版物曾给了我许多帮助,今天,作为哈佛商学院出版公司的首席执行官,我有一种更强烈的使命感,即出版更多更好的读物,以服务于包括中国读者在内的职业经理人。

在这么短的时间内,翻译出版这一系列图书,不是一件容易的事情。我对所有参与这项翻译出版工作的商务印书馆的工作人员,以及我们的译者,表示诚挚的谢意。没有他们的努力,这一切都是不可能的。

哈佛商学院出版公司总裁兼首席执行官

万季美

致谢	i
引言：警告总是存在	1
我们对公司的了解还不如对飓风的了解	3
悲剧为何一再上演？	8
教训在哪里？	11
这本书能为你做些什么？	17
识别并验证实时信息	19
具体内容	20
第一部分　应对企业突发事件	23
第一章　将经营风险转化为机会	27
预测现在	28
实时机会探测	30
寻找目的港	33
实时信息的价值	35
适时与实时	38
机会与灾难	42
第二章　识别并验证准确的实时信息	49
能力具备并不意味着要面面俱到	51
识别并验证	52

第二部分　现实世界的实时 …………………… 77

第三章　突发事件：缺少警告 …………………… 81
世界通信公司 ……………………………… 84
市场平均盈余预期 ………………………… 87
改变游戏 …………………………………… 88
俄亥俄州保健金融公司 …………………… 91
商业航空业 ………………………………… 95
结束突发事件 ……………………………… 102

第四章　被怀疑事件：汇报太迟 ………………… 10_
波音公司 …………………………………… 10_
波音公司发生了什么？…………………… 11_
西尔斯公司 ………………………………… 11_
被怀疑事件的终结 ………………………… 12_

第五章　被克服事件：正确处理 ………………… 12_
琥珀木家居建筑公司 ……………………… 12_
威特斯欧服装零售公司 …………………… 13_
福特汽车公司 ……………………………… 13_
德累斯顿银行股份公司 …………………… 13_
eBay 公司 ………………………………… 14_
小结 ………………………………………… 14_

第三部分　从实时机会探测到实时企业 ………… 151

第六章　坚持到底:在整个企业内部实施实时机会探测 … 155
成为实时企业 ………………………………………… 156
步骤二:在整个企业内进行实时机会探测 ………… 156
步骤三:改善企业经营流程以提高组织的应对能力 … 164
警告之词 ……………………………………………… 167
努力从应对转向探测 ………………………………… 169
早期警告 ……………………………………………… 171
通用汽车公司踏上实时企业之路 …………………… 174
实时企业的力量 ……………………………………… 185
小结 …………………………………………………… 188

第七章　解决实时机会探测中的难题 ………………… 191
新角色,新责任 ……………………………………… 193
要设立一个新的公司高管职位? …………………… 211
对 CMO 的深入思考 ………………………………… 217
小结 …………………………………………………… 222

第八章　未来的实时世界 ………………………………… 225
技术循环曲线 ………………………………………… 225
财务报告阶段 ………………………………………… 229
新流程阶段 …………………………………………… 235

完全整合阶段 ·················· 245
　　小结 ······················ 252
结语　从现在开始 ·············· 255
　　当前冲击 ···················· 256
　　准备，成为实时企业 ············· 257
注释 ························ 259
作者介绍 ···················· 277

致　　谢

如果你不是亲自动手去写书,你永远也不会真正了解别人的工作对于你完成一本书的写作是多么地重要;至少在开始我这本书的写作征程之前,我是不了解这一点的。而在一本依靠众人的智慧和影响才完成的书的封面上只署上一个人的名字也是不公平的。只有承认这一点,我才能如实地记载真正的荣誉应该属于谁。

首先,我要感谢高德纳(Gartner)公司负责战略规划的执行副总裁鲍勃·纳普(Bob Knapp)先生。我永远都要感谢他鼓励我去写一本这样的书,从而使我五年的研究终于有了一个完满的结局,并给了我一份永远难忘的人生经历。

我也要感谢高德纳研究及新闻公司的高级副总裁迪安·丹尼尔斯(Dean Daniels)。我永远难忘在我的整个写作过程中他所给予我的善意的帮助、鼓励的话语、睿智的指导与建议。

高德纳出版社的出版人希瑟·彭伯顿·利维(Heather

致谢

Pemberton Levy)是我写作动力的源泉,她给了我许多的指导。最初见到她时,我还不知道出版人到底做些什么;现在,也许我对于出版人的定义仍然有些模糊,但我却知道,如果没有希瑟这位高手在将想法转化成书籍的过程中为成千上万个细节所付出的不懈努力,就不会有现在这本书。

还有在整个写作过程中与我并肩辛勤工作的蒂姆·奥格登(Tim Ogden)。尽管蒂姆担任了编辑、研究员、谈判代表、人生知己以及许许多多的其他角色,然而任何角色的变换都从未使他失去幽默感。蒂姆通过他的才华在我的语言中注入了生命与活力,没有了蒂姆也就根本不会有这本书。他也许是在高德纳公司中埋藏得最深的一颗宝石,而我希望这本书会使他的才华和能力得到更广泛的认知。但我最为难忘的则是蒂姆的善良、智慧和人格魅力。其实,早在几年前蒂姆就已经悄悄成了我心目中的英雄。当时,他借着休年假的机会在非洲的一场饥荒中担任志愿者,提供人道主义援助。我从未想到在高德纳公司迂回曲折的经历会使得我们有如此密切的合作。我在一生中很少见到像蒂姆这样的人,而当我真正见到他之后,我感觉到天使的确行走于尘世间的芸芸众生之中。我是如此地感谢你——亲爱的蒂姆。

这里,我还要特别感谢几个人:戴夫·利维(Dave Levy),他对于本书提及的很多案例进行了调研,是位毋庸置疑的关键人物;弗雷德·拉塞纳(Fred Lasenna),他在绘图方面起到了及时雨的作用;苏珊·巴里(Susan Barry),高德纳出版社的文稿代理人,她帮我将我的想法转化为扣人心弦的语言融入

致谢

书中；还有雅克·墨菲（Jacque Murphy），哈佛商学院出版社的编辑，我要感谢她对于一个写作新手的耐心。

我要感谢整个高德纳研究团队，包括核心研究组和高德纳第二研究组。这里严谨的研究氛围对每个研究分析人员都提出了极高的要求。正是因为希望达到他们共同建立起来的研究标准，我才能够在写作这本书的过程中遵循严谨的研究风范。我尤其要感谢马克·莱斯基诺（Mark Raskino）、戴维·弗林特（David Flint）、汤姆·奥斯汀（Tom Austin）、尼尔·麦克唐纳（Neil MacDonald）、汤姆·彼特曼（Tom Bittman）、唐娜·斯科特（Donna Scott），以及所有高德纳现在和以前的研究人员，感谢他们为我推行"实时企业"这一理念而付出的努力。在我的职业生涯中，研究分析家一直是我最引以为荣的头衔，我希望这些研究工作能够使我有充足的理由继续享有这个宝贵的头衔。

从个人的角度，我还要感谢我的妻子邦妮（Bonnie），感谢她在这本书的写作过程中对我的大力支持和不懈帮助。她总是我那些幼稚而粗糙的想法的第一个听众，她对本书最终成熟的想法和理论的产生与形成起到了不可估量的作用。每当我要寻找案例时，我也总是首先求助于她。事实上，这本书字里行间都流露着她的创意与建议。我还要感谢我的女儿艾丽（Aly）和我的儿子蒂姆（Tim），感谢你们允许我利用我所需要的白天、黑夜、周末、生日以及很多的节日时间来完成这本书，最最重要的是我永远不会忘记在我的整个写作过程中孩子们脸上洋溢的骄傲的表情和对我充满鼓励的祝福。

致谢

我也要感谢我的妈妈艾琳(Eileen)，还有佩吉(Peggy)、汤姆(Tom)、珍妮(Jenny)、特里(Terry)、艾琳(Eileen)、鲍勃(Bob)、阿曼达(Amanda)、伊桑(Ethan)、比尔(Bill)、伊莱恩(Elaine)、罗伯特(Robert)以及我其他的家人，另外还有我所有的邻居和朋友，感谢他们在我写作的过程中给予我的最最善良而慷慨的鼓励的话语。我真希望我已故的父亲也能亲眼看到这本书以及所有这些令人感动的事情。

最后，我要感谢查尔斯·兰德尔(Charles Randall)。三十多年前在一家农场，我开着一台拖拉机，拖拉机后面拉着满载干草的拖车。在上一个陡坡时，我给拖拉机突然加速，绷断了连接着拖拉机和拖车的链子。拖车上装的是很多人刚刚装好的干草，眼看着拖车逐渐加速，顺着山坡冲向一条小溪，我知道自己的错误将会毁掉别人辛苦劳作的成果。最后，拖车停了下来，谢天谢地没有翻倒。查尔斯当时平静地告诉我：走过去，再把拖车拉回到坡上。我当时浑身颤抖，拒绝那样做，因为我害怕自己会再犯同样的错误。他平静而温和地告诉我，不管怎样我总要把拖车弄回来。在努力恢复了自己的信心后，我将拖车弄了回来，并终于将满载干草的拖车安然无恙地运到目的地，也为别人的劳动画上了一个完美的句号。这只是查尔斯教我的很多事情当中的一件，从他身上学到的东西对于写作这本书帮助很大。

引言：警告总是存在

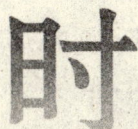间是 1900 年。

风暴的最初迹象出现于 8 月 28 日。虽然风暴刚刚形成 24 个小时，但巨大的风暴已经找到了自己的第一个袭击目标——佛得角（Cape Verde）群岛海域的一艘船，它正颠簸在风速为每小时 24—36 英里的狂风所掀起的巨浪之上。[1] 在以后的几天当中，这场风暴席卷了大西洋，在几乎不知不觉中，一分一秒地不断加强。9 月 8 日下午，4 号飓风横扫得克萨斯（Texas）州的加尔维斯顿（Galveston），夺走了 8 000 人的生命。直至今天，1900 年的加尔维斯顿飓风依然是美国历史上最惨重的自然灾害。

虽然在加尔维斯顿被完全摧毁前四天就已经发布了风暴警报，但那里的人们并不知道即将到来的风暴实际上是飓风；而当他们知道时为时已晚。加尔维斯顿的气象预报员艾萨克·克莱因（Isaac Cline）在那个月的晚些时候是这样描述那场风暴的：

> 这场飓风到来之前并没有出现以往飓风到

引言：警告总是存在

来时的征兆，即人们根本就没有看到那种砖灰色的天空。由于那种天色一直被认为是这一带发生的飓风所特有的现象，所以无论是 7 日晚间还是 8 日早上，我们都在密切关注着这一迹象。[2]

当知道飓风已经像恶魔一样降临时，一切都为时已晚，人们所能做的只是在莫大的恐惧中眼看着整座城市被夷为平地和无数的生灵惨遭涂炭。当时加尔维斯顿的居民（以及世界其他地方的人们）都是等上了几十年才看到气象学家掌握了能够精确探测即将到来的飓风的技术。

时间是 2000 年。

对很多人来说，巨大风暴的最初征兆出现在 3 月 13 日。与 100 年前的加尔维斯顿飓风相似，又一场巨大的风暴——一场金融飓风——使得股票市场经历了一场浩劫，并由此连带了共同基金和退休基金。然而，加尔维斯顿飓风来临的警报只是提前几周才作出的，而纳斯达克综合指数飞速上扬的终结则是出现在多年的警告之后。不幸的是，大多数人就是看不到互联网投资狂潮的泡沫最终要破裂的迹象，从而没有采取恰当的手段来保护自己的资产。在接下来的 13 个月里，投资者们在惶恐不安中眼看着市值的蒸发，数百万人的希望和梦想就此破灭。（图 1 表明了纽约证券交易所和纳斯达克证券交易所市价总值的变化。）

引言：警告总是存在

图 1

纽约证券交易所和纳斯达克证券交易所的市价总值在 2000 到 2002 年间急速下跌。

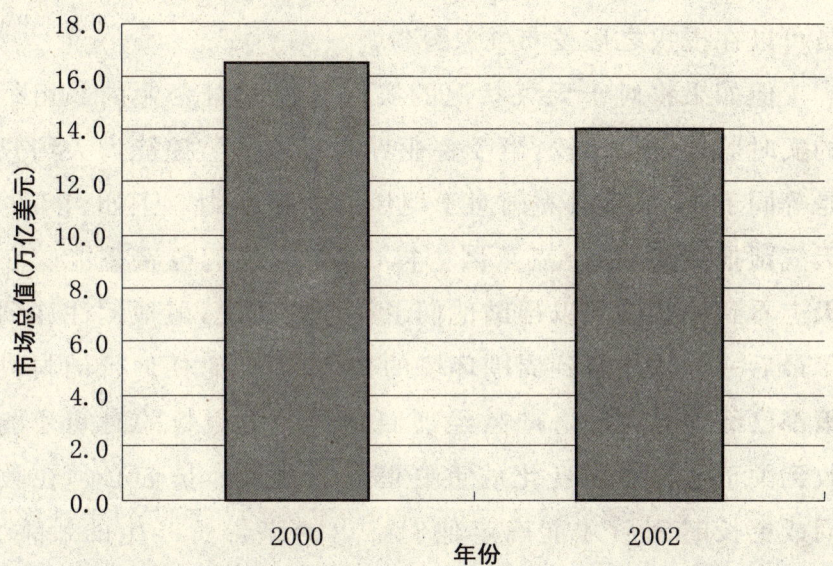

资料来源：2000 年纽约证券交易所数据，基于 2 862 家上市公司（来源于纽约证券交易所，纽约证券交易所实情综述：2000 年回顾。http://nyse.com.pdfs/01_SUMMARY2000REVIEW.pdf，5）；2002 年纽约证券交易所数据，基于 2 783 家上市公司（来源于纽约证券交易所，纽约证券交易所年度报告。http://www.nyse.com.pdfs/2002ar_NYSE-2002.pdf，43）；2000 年纳斯达克数据，基于 4 734 家上市公司；2002 年纳斯达克数据，基于 3 663 家上市公司（来源于证券业协会副主席及证券研究所主任 Judith Chase，作者于 2003 年 3 月 13 日对其进行电话采访）。

我们对公司的了解还不如对飓风的了解

今天，我们很难想象一场飓风没有被国家气象局监测到

引言：警告总是存在

就在美国登陆的情形。今天的美国已经拥有了一套精密复杂的包括超级计算机和陆地、海洋传感器在内的监控网络，该网络与负责环境监测的人造同步地球卫星共同合作，毫不间断地对出现的各种天气现象进行实时监控，以使气象预报员可以在授权之后发布气象警告。

但如果将对于天气状况的实时监控和对企业内部运行的实时监控进行比较，当今企业界所具备的监控能力大约只是等同于1900年时美国对于飓风的监控能力。正如当年的天气预报员艾萨克·克莱因一样，企业经理们也希望能够在天上看到一些迹象以帮助他们了解当前情况，但他们往往到了最后一刻才注意到周围环境的变化，而此时任何行动与决策都已经为时太晚。产品经理们总要等上很长的时间才能收到关于客户需求变化的重要信息。营销人员们必须在数周或更长时间后才能确定他们推出的广告所产生的效果。所有的管理人员们都必须猜测哪些新产品会受到消费者的欢迎，何时是将产品投放市场的恰当时机，以及如何使产品对消费者的影响达到最大化。对于投资者来说，如果想监督自己所投资公司的运行情况，除了以公司根据规定进行的季度收益报告作为衡量标准外，他们能够依赖的其他数据实在少得可怜。

虽然从2000年的一开始公司市值的锐减在绝对数值上令人瞠目结舌——大致的估算额在7万亿美元左右——但这还远远不能真正显现它对数百万人已经造成的，以及在以后很多年里还将持续的巨大灾难性影响。由于股价从2000

引言：警告总是存在

年开始大幅下跌，养老基金价值损失巨大，401K条款①遭到扼杀，存款策略被破坏，这一切都迫使数百万人不得不重新考虑如何才能有足够的钱维持退休后的生计，满足医疗支出需求，支付孩子的教育费用等等。

来看几个简单的例子。自2003年春天起，道琼斯工业平均指数已跌至7年前的水平。下面是与这一现象相关的几个重要假设：³一个从7年前就开始存款买房子的家庭手头的现金现在只够为一套价值300 000美元的房子支付首付，而不能为他们当时想购买的480 000美元的房子支付首付。如果这个家庭一直在进行养老金储蓄，他们受到的影响大约在150 000美元左右，比一个收入中等水平的美国人5年的养老金收入（通胀调整后）总和还要高。这个投资泡沫破裂的结果当然也会波及孩子。大家可以想一下有多少高中毕业生由于家里再不能提供学费而不得不放弃申请去常春藤联合会院校（Ivy League）或其他的私立大学的机会。上述的这些例子还没有包括数万名——如果不是数十万名——多多少少由于互联网投资泡沫的破裂而失业半年或更长时间的劳动者。虽然这样一场股市飓风没有直接夺走人的生命，但毫无疑问它对于全美国家庭财产积累的影响也足以称做是

---

① 401K条款是美国一种特殊的养老金制度。它的名称来自美国1978年税法中的401K条款。该条款规定，拨入此类账户的资金在一定限额内可列入企业和员工的税前项目，抵免所得税，直到员工退休取出资金时才纳税。它的延迟纳税功能，深受企业和员工欢迎。由于税法限制提前取出资金，401K账户中的资金均为长期资金，它的快速发展为资本市场提供了巨额而稳定的资金来源，同时也推动了美国投资基金业的高速增长。一般认为，美国上世纪90年代股票市场的大牛市与以401K账户为代表的养老金入市有密不可分的关系。——译者注

引言：警告总是存在

破坏性的。

不幸的是，虽然互联网泡沫破裂令很多人极为震惊，但这个事实并没有引起更多人的注意去探寻这个金融"风暴"为何如此出乎意料地到来。实际上，如果排除像纽约检察总长埃利奥特·斯皮策（Eliot Spitzer）和投资银行达成协议这种可能的例外情况之外，[4] 大多数采取的行动都集中于对少数几家公司的欺诈行为进行惩罚。然而，即使将世界通信（WorldCom）公司和安然（Enron）公司对经济造成的损失总额加起来，还不到前文提到的7万亿美元的一个零头。而互联网泡沫的破裂早在安然及其他公司的丑闻曝光之前就已经发生了。

我们必须面对的一个可怕的事实是互联网泡沫的破裂只是企业界每天都在发生的事情的一个显而易见的例子。即使我们没有在新闻上看到影响更深、更广的投资失败事件，各种规模的企业"突发事件"也总是在以惊人的频率发生，并令企业遭受重大损失。每天发生"突发事件"的企业虽说不能数以千计，但数以百计还是现实的。虽然这些事件只在每个季度末以损益表（并理所当然地在报告中被称为"突发事件"）的形式公布，但它们却每天都在发生：经理们根据过时、没有实际价值的信息作出企业的关键性决策，这些决策会给企业、经理、雇员以及整个经济带来一些突发事件，如果幸运的话只是丧失一些机会，倒霉的时候则会导致灾难性的失败。

互联网泡沫破裂产生的后果使我开始思考能否找出所

引言：警告总是存在

有企业突发事件的共同模式，无论它们的规模是大还是小。

为了进行这个方面的研究，我首先分析了一系列非企业界的"突发事件"，包括三英里岛（Three Mile Island）事件、布法罗克里克（Buffalo Creek，位于弗吉尼亚）洪水、阿洛哈航空公司（Aloha Airlines）39 号航班、希洛（Hilo，位于夏威夷）海啸、圣海伦斯火山（Mount Saint Helens）爆发，以及挑战者号（the Challenger）失事。我很快就发现在我所研究的每一次灾难之前总是存在警告。然后我将目光转向了企业界，并将研究范围缩小到在过去五年内发生的企业突发事件。由于科技、资源、全球化趋势以及众多其他经营环境因素的巨大变化，我感觉只有那些新近发生的事件才对我的调研具有重要意义。因此，我所使用的很多案例还都是"正在进行当中"的事件，可能这些事件会进一步发展并改变目前的研究结果，但是我认为有必要冒这种风险来保证我的研究与现实世界真实事件的相关性。[5] 在研究过程中，我大量使用了公司的公共资料和管理档案，如运营和财务情况的季度报告和年度报告、法庭记录、高层管理者向投资者和分析师所作的陈述等。只要有可能，我都要试图采访那些公司的高层管理者。他们中的大多数人都很愿意讨论我所研究的事件，只有少数例外，但可以理解。

我在其他几位同事的帮助下完成了这一调研，得出了一些结论，并最终完成了这本书。我将在本书的各章中分别对这些结论进行论述，而其中的核心结论是：**企业突发事件出现之前总会有警告。**

引言：警告总是存在

悲剧为何一再上演？

上面的结论必然会使我们提出这样的问题：为什么我们会允许这些突发事件发生呢？为什么我们会允许产生这么多损失和丧失这么多的机会呢？

尤其难以理解的是既然研究表明我们对于公共生活的各种其他负面突发事件会有截然不同的反应，为什么又会继续允许企业突发事件不断地发生呢？在非企业的情形下，我们会立刻假设总是存在某个应该被注意到的预兆迹象，因此我们不会对突发事件放任自流，允许其继续滋生蔓延，而是采取一些可测的步骤：（1）确定警告迹象；（2）弄清楚为什么没有注意到那些迹象；（3）确保类似的突发事件不再重演。

下面是美国人心灵上烙印最深，也是最难以忘记的三个灾难性突发事件，对它们进行分析与研究可以得到应对企业突发事件的启示。

三英里岛事件

1979年3月28日，一个为蒸汽发生装置提供持续水供给的水泵中止了运转，无法再为位于宾夕法尼亚哈里斯堡（Harrisburg）附近三英里岛的两个核反应堆中的一个供水。在看到由此导致的水压变化之后，一名操作人员按照操作指令打开了储水罐上方的安全阀，以使得水压回到正常水平。安全阀只需开启13秒钟；然而它在13秒钟过后没有完全关

引言:警告总是存在

闭,也没有任何一个技术员注意到这一问题。安全阀一直开了 2 小时 22 分钟,导致压力降到了远远低于正常操作范围的水平,原子反应堆几乎接近于核熔化的阶段,大量的核辐射物质被释放到大气当中。

吉米·卡特(Jimmy Carter)总统立刻成立了一个专门委员会调查事故起因。委员会仔细研究了当时的情况,发现了一系列令人担忧的事实,其中很重要的一点是三英里岛核反应堆的安全阀不能完全关闭并没有什么可惊讶的。在那起事故发生前的 18 个月,由建造三英里岛核反应堆的同一家公司建造的另一个位于俄亥俄州的反应堆就发生了类似的安全阀问题。巴布科克及威尔科克斯锅炉公司(Babcock & Wilcox)的工程师们曾警告过他们的上司在其他核工厂发生事故的可能性,但三英里岛或其他核反应堆以及公用事业公司都没有收到关于安全阀警告的报告。[6]该委员会最终建议改变核工厂和原子能管理委员会的运作流程,以确保信息从工程师和设计师到操作者之间的准确传递。[7]

挑战者号航天飞机

大多数人都知道 1986 年 1 月 28 日挑战者号航天飞机失事后立刻成立的总统调查委员会对这一惊人事件的调查结果。爆炸原因是"右侧固体火箭推进器两个底层部件之间的连接失效。导致失效的具体原因是,在火箭推进器燃料的燃烧过程中,用于防止热空气从该连接处泄漏的密封环失效"。[8]

调查委员会发现,其实早就有人估计到由于发射现场的

引言：警告总是存在

温度太低，会导致该零件失效，这使得这一惨剧更加令人悲痛欲绝。根据报告显示，来自分别负责航天飞机和火箭的公司的工程师们曾多次告知美国国家航空航天局O型密封环会失效，但这一发射还是进行了。[9]调查委员会的结论是："如果决策者对于情况有全面的了解，那么他们决定在1986年1月28日发射（该发射被称做挑战者使命）的可能性会非常小。"[10]

调查委员会建议对美国国家航空航天局批准航天飞机发射的程序进行重大调整。在哥伦比亚号惨剧之后，一个类似的调查委员会的调查结果同样令人震惊：早就有人怀疑会出现绝缘体碎片击中航天飞机机翼而导致机翼受损的情况。现在大家都知道，当时的美国国家航空航天局拒绝了在太空为哥伦比亚号拍照以确定工程师们的理论是否正确的机会。哥伦比亚号调查委员会建议改变航天飞机安全计划的运行程序以及航天飞机升空后的太空行动风险评估模式。

2001年9月11日

当然，在我们所有人的记忆中，挑战者号的悲惨故事已经被9·11恐怖袭击所取代。这里不必重提那些我们早已熟知的袭击细节，只需浏览一下有关的调查，便略知一二。该项调查的目的在于了解如此骇人听闻的袭击是如何在看似没有任何征兆的情况下发生的。无论是在初步的调查报告中还是在最终的调查报告中，负责该调查的参议院专门委员会联合调查小组的参议员们都得出了这样的结论：虽然找不引言：警告总是存在

到密谋9·11袭击的确凿证据，但事前已经出现袭击征兆。2003年7月发布的最终报告这样写道：

> 简而言之，由于种种原因，情报委员会没能重视和利用与9·11事件相关的个体情报和综合情报的价值，因此错过了找到或阻止劫机者并挫败9·11阴谋的机会，或至少是通过在美国境内的监视及其他调查工作揭露这个阴谋的机会，以致最终丧失了在全国范围内加强警戒，以增强国家抵御恐怖袭击的能力的机会。[11]

9·11恐怖袭击的一个结果是乔治·W.布什总统建立了一个新的内阁级部门，即国土安全部，目的是整合恰当资源以确保类似的交流障碍不会导致另一个突然袭击。

教训在哪里？

从这些例子来看，我们一般是怎样应对产生负面结果的意外或突发事件呢？第一点，也是最重要的一点，在每一个例子中，灾难到来之前都有清楚的警告（这几乎是所有具有记载的公共灾难的共同模式）。第二点，我们一般不会假设这些事件是不可阻止的；事实上，我们的假设往往相反，即认为总有一些方法可以阻止突发事件。第三点，在每一个例子中，人们都采取了一些行动来调查这些事件是否原本可以避免。具体来讲，每一个案例都涉及一个特别工作组，深入调查没有及时捕捉警告迹象的原因。第四点，每一个例子当中

引言：警告总是存在

都有具体的行动建议，这些行动至少正在实施的过程中，以防止类似的突发事件在将来重演。

与此同时，只需粗略地浏览一下企业界在所谓"收益季节"（即大多数公司公布季度利润的时期）的新闻标题，我们就会看到数以百计的公司都会公布与预期不同的收益情况，或高出预期，或低于预期，两者都被称为"突发事件"。在绝大多数情况下，公司的管理者会将这种与预期目标背离的结果归因于"意料之外的"或"突发的"事件，如"不可预见的消费疲软"。然而，我们从未在企业声明当中看到CEO的如下声明，即他决定委派专门小组调查为什么没能事前预见到这种偏差，或者说为什么没有注意到预先的警告，以便在将来避免不利局面发生，最大程度地利用有利局面。因此，我们要再次提出这样的问题：为什么在处理突发事件的方法上，企业与非企业会有所不同？

必须改变四个常见的假设

上述问题的答案隐藏在四个被认为是理所当然的常见假设中。企业经营者虽然没有明确地表达出这四个假设，但这四个假设在很大程度上却是企业经营者下意识思维过程的一部分。唯一能够打破这些想当然的假设，以使我们继续前行的方法就是直接面对它们。

假设1：企业突发事件是企业经营过程出现的正常情况。

引言：警告总是存在

实际情况：现在是有史以来第一次企业经营者有可能不断地发现机会，避免各种灾难，从而结束企业经营风险的时候。

这可能是最具破坏性的想当然之一，因为它阻碍了任何想结束企业突发事件的努力。这样的假设会导致企业将过多精力放在应付非预期情况上（我们在第三部分会对这种情况进行详细讨论），而不是努力去预见各种变化。这种假设之所以为众多人所接受，是因为从几十代人的经历来看，企业经营风险的确一直是企业经营过程中的一部分。今天的劳动者中包含了一些企业经营者，他们有可能是历史上第一代能够打破突发事件爆发与企业绝望地应付突发事件这个循环的人。现在是有史以来第一次企业经营者有可能不断地发现机会，避免各种灾难，从而结束企业经营风险的时候。企业经营者可以选择不再承受突发事件的有害影响，并享受因突发事件的结束而带来的好处，但这一切要从彻底地改变对现状的看法开始。

假设 2：在企业界找不到用来预测突发事件所需的数据。

实际情况：数据就在你的身边。

如果是十年前，这个假设也许还具有一定的合理性，而如今的情况却是所需的数据真实存在，只是不一定在恰当的

引言：警告总是存在

人的手中（我们在后文中还要再谈到这一点）。自从第一次使用计算机来加速如工资支付这类工作开始，我们所需的数据就已经产生。但数据收集方面的真正进展始于20世纪90年代企业两个重点经营目标的确认：（1）结合各种人力、步骤和过程实现效率和质量最大化；（2）将高科技应用于决策部门而不仅仅是后勤部门。由于在更新设计和全面质量管理（及以后该概念的派生和效仿）上的巨额投资，现在很多公司能比从前更好地了解企业的运作流程。企业了解每一个个体在企业运营过程中担当的角色，无论这个角色是接受订单，草拟报告，还是钻铆钉。由于高科技在销售和客户服务等"决策部门"的应用，一个全新的信息世界应运而生。已经实施了呼叫中心服务的企业几乎能够精确地了解一天中的每个小时到底需要多少客户服务代表来接听电话；实施了销售管理系统的企业则远远比过去更加了解每个销售人员在自己的渠道内要产生多少美元的订单才能使总销售收入达到公司确认的最终目标。根据高德纳数据跟踪部的估计，在员工达到100人或以上的企业当中，65％以上的企业都实施了企业范围的软件管理系统，并通过此系统创造、收集和加工每一天每一时刻的经营数据。[12] 现代企业经营的最最关键之处就是要确保数据就在身边。

假设3：周围的数据多如牛毛。

实际情况：在多如牛毛的数据中真正必要的信息凤毛麟

引言：警告总是存在

角。

与假设 2 密切相关的另一个想法就是看到的数据太多，很难根据它们作出有用的结论，这种情况有时也被称为"分析瘫痪症"。当然，从表面来看，这种论点会引起任何一个拥有电子邮件或语音信箱的人的共鸣。现在，每天通过各种"信息箱"灌输给我们的信息要比 20 年前多无数倍，几乎可以说是无法计量。然而，正如每一个有电子邮箱的人所知道的，虽然可以获得的信息多如牛毛，但其中对实现我们的目标真正有必要的信息却凤毛麟角。一旦你通过考虑优先级、重要性和其他因素（这一概念将在第二章详细阐述）将可获得的信息进行分类，你就会发现只有不多于 5% 的可得信息对解决我们所了解的企业突发事件具有必要性。

假设 4：根本没有预测意外事件的办法，为什么还要尝试呢？

实际情况：警告总是存在的。

首先回顾一下前文提到的那些意外事件的例子。在对每一个这类事件的调查中，总有迹象表明在事前就可以得到本来可以或者一定能够防止该灾难发生的信息，而且这种情况并非偶然或罕见。几乎每一个针对突发或灾难性事件的调查都表明出事之前早有迹象：珍珠港事件、布法罗克里克（西弗吉尼亚）洪水、奥尔德里奇·埃姆斯（Aldrich Ames）间

引言：警告总是存在

谍案、泰坦尼克号（Titanic）沉没、泽布吕赫（Zeebrugge,比利时西北部港口）自由企业先驱号客轮倾覆、阿洛哈航空公司243号航班等等。所有这些灾难所形成的后果都是由于决策者没有根据最新的消息作出决策所致。要么是没有继续追踪所需信息，要么则是决策者有意或无意地隐瞒这些信息。因此，既然在非企业界经常能够找到可以帮助我们预测灾难的信息，我们有什么理由认为在企业界找不到类似的情报呢？实际上，在这本书中你会看到很多例子，这些例子都是关于一些曾经有机会获得信息，本可以将灾难转化为机会，或减轻损失，然而却成为突发事件受害者的公司的。除此之外，你也会看到其他一些公司的例子，它们采取了措施，主动跟踪并利用了突发事件。其实，在企业经营当中，警告总是存在。

问题的根源在于企业文化，而不是管理者的水平

列举上述假设的目的不仅是要证明其谬误，更重要的是要说明问题的出现并不完全归咎于不称职的管理者。当然，在某些案例中我们会看到管理者或个人的错误做法，但这样追究个人责任会产生误导作用。我们需要处理的问题是一系列的问题，这些问题涉及整个生产过程和企业文化。这里的文化并不是指某个公司的文化，而是指整个企业界的文化，正是这种文化使某些在决策中使用过时的或不相关的信息的管理者已经感到心满意足和沾沾自喜。现在是改变这种流行的企业文化和与之相伴的各种经营过程的时候了。

引言：警告总是存在

与众多针对会计丑闻的应对方法不同，文化问题不能靠规章或政府监管来解决。它不需要制定新法律，修改现有刑事法规，或建立法律监督委员会；它只需要管理者和其他高层决策者们付出切实努力，改变当前的企业文化，在整个经营过程中集中考虑如何将恰当的信息实时传递给恰当的个人。

时刻威胁着企业的那些意外事件，或所谓的企业突发事件，不应该再是什么意外。能够使管理者们将这些目前所谓的意外转化为各种机会的信息已经唾手可得。如果企业管理者们能将精力集中于捕捉并实时提供某些实质信息，他们就能够"预测现在"，并不必再承受突发事件的毁坏性后果。

这本书能为你做些什么？

本书谈的不是管理或领导风格，也不是企业目标、团队精神或知识型管理，更不是有关高科技方面的问题。它讲的是如何通过结束突发事件和发现潜在机会而提高每个管理者实现经营目标的能力。

本书的目的是要证明迄今为止企业所经历的大部分不确定性事件都是可以避免的，我们今天所要承受的重大负面"突发事件"都根本不应该突然发生。通过阅读本书，你会看到每个企业管理者如何采取措施，结束突发事件，在物质财富和个人声誉上获得双丰收。

在以后的章节里，你会看到"预测现在"、"实时机会"、"实时企业"等概念，但更重要的是你会看到一种将这些概念应用到日常工作中的方法。这个方法会帮助你决定哪些信

引言：警告总是存在

息具有实质性重要意义，哪些企业事件一定要被实时捕捉并加以分析，以及如何将被监测的信息流按优先次序加以排列。当然，这一方法也会帮助你避免在一个信息过剩的世界里浪费时间去加工没有意义的多余信息。

一旦企业克服了上述文化障碍并开始使用实时信息，管理者们就能够在各种趋势出现之前对其进行预测并评估可能产生的影响。这样做，他们就能设计恰当的战略来分析和利用出现的任何情况。这样做的结果会使他们为本企业乃至整个经济体带来新的生产力、提高效率和增加利润。那些能够进行小的改进，能够利用机会、避免灾难的经理人员们会对公司的成败产生重大影响；那些能够按照预测现在和探寻实时机会的方式进行思考的管理者会改变公司的未来。他们会摘掉自己以及公司其他经理、高级职员和主管脸上的眼罩，使得每个人都具备无可匹敌的、山雨未来就先知先觉的能力。

本书适用于所有对企业支出和收益负有责任的管理者。下面的观点简单而具体，适用于公司的各级管理层：

1. 用于避免突发事件，利用机会，作出中途改正的数据已经存在。

2. 虽然大多数管理者担心信息流太过庞大，但其中真正重要的信息很少，而且管理者有能力识别它们。

3. 一旦具有重要性的信息确定下来，就能够持续捕捉和监控它们。

4. 信息监控使每个部门、业务单元以及整个公司看到它引言：警告总是存在

们每天向既定的目标前进，并且取得进步，这又被称做预测现在。

5.他们可以通过预测各种事件和变化来调整战略战术，确保达到经营目标，实现机会最大化，并避免灾难，这又被称做实时机会探测。

从个人发展来看，采纳这些观点意味着在实现目标方面会获得空前的成功，在生产效果和生产效率方面会实现巨大的改善，如果幸运的话，还可以得到从未有过的升职机遇，尤其是与那些没有接纳这种想法的同事相比。简而言之，这本书不是要管理者为不确定性因素作好准备，而是教他们如何驱逐不确定性，掌控自己事业和公司命运的未来。

识别并验证实时信息

与那些曾有过重大经营失误，错过了良好经营机会，或曾因竞争对手的成功而瞠目结舌的雇员、经理或高级职员谈一谈，你总会听到他们感叹是多么希望在厄运到来之前就已经拥有了某些信息。本书谈的正是这样一个问题，即如何获取和提供实时信息，以避免灾难，抓住机会，消除令人不快的突发事件。

但在一个已经充斥着数量惊人的各种信息的世界里，如何判断哪些信息应该被实时监控、捕捉和分析呢？为了解决这个问题，我们创造出实时信息"识别"和"验证"的方法，以帮助企业员工和管理者确定哪些具体信息一定要实时监控。通过首先评估管理者的目标和首要任务，"识别模型"确定哪

19

引言：警告总是存在

些信息流最有价值，然后判断是否实时获取这些信息就足够了；接着"验证模型"帮助管理者确定实时信息的正面效应是否大于获取和监控它的成本，这要通过评估公司愿景和使命、当前首要任务、信息的"重要性"以及公司的影响力来决定。这些方法会帮助管理者过滤掉乍看起来似乎很重要，实际上没有什么启示作用，因此也就不必要的信息。在两种方法都被应用后，管理者就可以与如今司空见惯的企业突发事件说再见了。

具体内容

第一部分

在第一章里，我们将研究"预测现在"和"实时机会探测"两个核心概念，并讨论三种形式的企业突发事件。在第二章里，我们将列举确定信息的方法，这些信息将在预测现在和发现实时机会的过程中发挥作用。

第二部分

在第二部分，我们将上述方法应用于现实生活中各种类型的企业突发事件中。第三章会引领我们审视一些没有通过监控恰当信息来预测现在，从而被困于突发事件中的公司和行业。在第四章，你会看到两家发展到无法弥补的境地后才取得恰当信息的公司，它们都不得不公布巨额的收益"意外"。在第五章，我们会看到五个已经从实时机会中获得好处的公司。

第三部分

第三部分将视角从单个管理者扩展到整个公司。第六章讨论在公司层面上进行实时机会探测的步骤,具体内容是如何真正成为实时企业。第七章指出为了成为实时企业或继续保留这一头衔,在执行功能和管理方面需要作哪些重要的改变。第八章通过讨论最终会被实时企业引入的很多改进措施而结束全书,这些改进包含从营销和信息技术支出到货币和财政政策等各个方面。

第一部分 应对企业突发事件

HEADS UP

2002 年 4 月 11 日，通用电气公司管理层发布的 2002 年第 1 季度公司财务报表对于它的投资者可以说是当头一棒。华尔街对通用电气第 1 季度每股收益的预期是 0.35 美元，而公司报表中每股收益仅为 0.25 美元。截止到当天下午 4 点，有 7 900 万股的通用电气股票被抛售，股票价格下跌了 10%，公司的市值下跌了 340 亿美元（见图 P-1）。

图 P-1

每股收益的突然变化导致通用电气的市值下降了 340 亿美元。

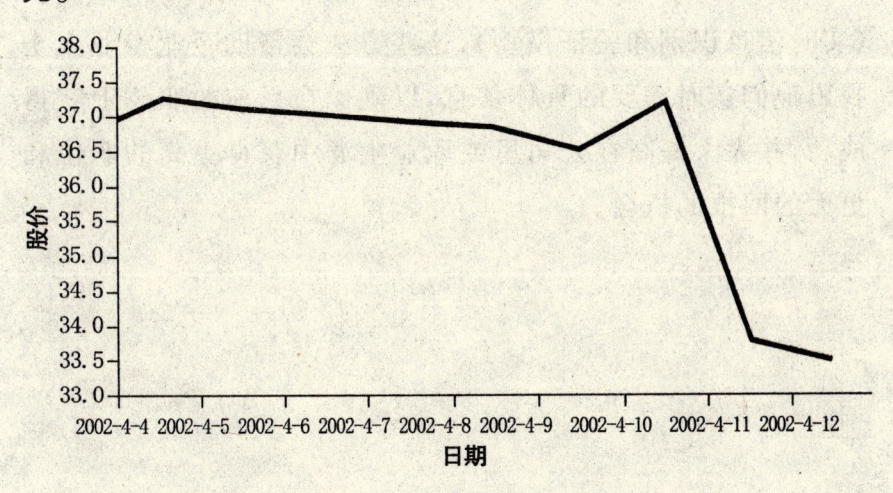

杰夫·伊梅尔特（Jeff Immelt，通用电气董事长兼 CEO）绝不是当时唯一一名公布低于投资者预期的公司收益的 CEO。在以后的几周里，几十名 CEO 加入了他的行列，都宣

第一部分

布了本企业利润收益的"突发事件"。如今,老练的投资者已经开始预期这样的突然情况和它们对市场的影响。经验丰富的管理者也逐渐能够预料到会妨碍他们达到预期目标的意外事件。

在引言部分,我们已经看到每个企业突发事件都有预先警告,因此这些突发事件本来不必如此频繁地发生。在这一部分,我们将介绍"预测现在"的概念,这是消除企业突发事件全过程的第一步。在确定预测现在可以抵消或避免不利的企业突发事件后,我们就要描述三种类型的事件(突发事件、被怀疑事件及被克服事件),以此来阐明及时监控方法如何引领我们渐入佳境,进行持续的实时机会探测。

最后,在第一部分中我们会介绍两种具体的操作方法(实时信息识别和验证模型),这些方法会帮助企业专业人士找出他们实时需要的具体信息,以确保在目前的职位上获得成功,并大大提高在公司里或职业生涯中获得更高的职位和更大的回报的机会。

第一章　将经营风险转化为机会

　　航行需要控制方向的船舵、指引行程的路线，以及作为目标的港口。

——亨利·B.亚当斯

多少年来，不同文化背景的人们对某些人预知未来的能力（这些人通常自我宣称具备这种能力）总是既惊讶，又不以为然。直到今天，很多人还在满怀敬畏地阅读或重新阅读诺斯卑达穆斯（Nostradamus，法国医生和占星家）的四行诗，想从中发现最近发生的重大事件或灾难是否已在这个16世纪著名预言家的意料之中。即使最爱冷嘲热讽的人也似乎很愿意关注每年2月在宾夕法尼亚举行的一个愚蠢仪式，仪式上会用一只土拨鼠和它的影子来预测到底是春天就要到来，还是冬天将继续用冰冷的大手抓住数百万生灵。每年年末在超级市场的店内小报上都会有很多最新的对未来的预

第一章

测；由于小报的数量看起来一直在不断增加,因此这类小报的发行似乎真的非常成功。另一个常见现象就是不计其数的投资者在网上搜寻对某些股票未来走势的最可靠预测。看来,我们每个人都希望能够预知未来。

预测现在

本书讲的不是预知未来,而是一个完全不同的概念——预测现在。

预测现在是精确地描述我们对周围世界的理解。这个概念背后的原理与一个分子物理学的理论相似,即海森伯格非确定论(Heisenberge Uncertainty Principle)。非确定论认为不可能在同一时间完全了解一个亚原子微粒。具体来讲,我们无法同时了解一个粒子的位置和动量,因为衡量一个变量会改变另一个变量。[1]物理学家知道他们不能了解所研究的微粒的所有方面,我们身处的世界也是如此。我们不去收集有关遇到的各种情况的全部信息——没有那个必要。我们只需获得足够的信息,以便于对总体现状作出基于直觉的判断:预测现在!

预测现在是指从某些实际经验中获得的原始信息,分析它们,并判断其意义和影响。如果一个人白天在户外观察太阳方位来确定时间,他就是在预测现在;如果一个迷路的人仔细研究路线图,试图确定当前的位置,以便找到通往目的地的正确路径,他也是在预测现在。当一个医生为了寻找病因而让病人去做各种检查时,他是在预测现在;当一个地质学家为了勘探石油储藏而人工引发爆炸，获取地震波指数时，他还是在预测现在。上述任何一种情况下的当事人都没有关于当时情况的完整或全面的信息，他们只是拥有足够的用来对当时全部情况作出预测的实时信息。

同样的原则也适用于企业界。影响产品、市场和内部运营的变量如此之多，以致没有任何一个管理者能够掌握同一时刻一个企业所发生的一切。任何一个想要收集全部运营数据的管理者都会发现，在得到最后数据的时候，最初数据显示的情况已经与当初大相径庭。实际上，管理者不是一定要掌握所有的运营情况才能了解目前的形势。

下面是那些对于企业来讲本来不该发生的破坏性突发事件产生的主要原因。当今大多数企业管理者用来对总体现状作出直觉判断的各种信息非常过时，以致他们不是在预测现在，而是预测过去。问题的实质就相当于管理者根据上个月的交通报道来决定今天早上去办公室的最佳路线。因此，正如预测现在不是预测将来（它不回答诸如"本季度末我们的销售额能够达到什么水平？"之类的问题）一样，它也不是预测过去（"这个季度初我们的销售情况怎样？"）。预测现在是通过收集足够的信息来回答"在实现公司目标的征程中，我们目前处于什么位置？"这样的问题。

预测现在并不改变管理者的工作性质，但它能改变管理者获得成功的能力。管理者仍然必须判断出恰当的经营目标以及在指定时间内达到目标的最佳方法；他们也仍然必须进行战略抉择，并确定执行战略的具体战术。但正如船长能

第一章

够改变轮船行进的路线和速度,以保证按时到达目的港一样,拥有可以预测现在的必要信息的管理者也会制定出更好的决策,以决定哪些战略战术是达到企业目标的正确选择。因此,如果到季度末尚未能达到或超出了预期目标,也就不会有什么大惊小怪,因为管理者事先早已知晓企业向着预期目标前进的进展情况。

正如我们在引言部分讨论过的,如果能够认识到警告时时存在,并因此每天监控经营的进展情况,管理者就可以将各种可能的突发事件转化为全新的机会。

实时机会探测

如果只做到了预测现在,收获其实很少,因为单单防止一个事件成为突发事件远远不能确保企业的成功。如果管理者知道销售成本低于目标预算,可以通过降低价格的方式在不影响利润率的前提下扩大市场份额,但却没有真正付诸实践,那么机会还是会丧失,损失也会发生。只有将预测获得的信息用来寻找机会、改变可能的结果时,预测现在才真正有意义,这就是我们所说的实时机会探测。

1980年3月20日,在研究监测美国西北部喀斯喀特山脉(Cascade Range)的地震仪时,科学家们探测到了华盛顿州圣海伦斯山周围附近地区有轻微的地震活动。在确定了地震源于圣海伦斯山之后,地震探测设备对那座火山进行了更多的探测。7天之后,科学家开始看到气体从这座一直休眠的火山山口冒出。自那之后不久,他们又报告说圣海伦斯山部分山体开始"膨胀"。这些迹象使他们得出结论：圣海伦斯火山即将喷发。

知道了火山活动在频率和强度上逐渐增大之后，当地政府官员开始关注警告迹象，并发布了撤离命令。他们还禁止了圣海伦斯火山地区的疗养和娱乐活动。在首次探测到该地区地震活动将近两个月后，圣海伦斯火山终于喷发。喷发造成的损失超过 30 亿美元，成千上万的动物丧生，数百万株树木被毁，但由于政府发布了撤离命令，只有 62 人（大多数是拒绝撤离的人，还有几位是正在监测的科学家）被夺去了生命。[2]

加尔维斯顿飓风和圣海伦斯火山喷发主要有三个不同之处。首先，虽然两起自然灾害都造成了巨大损失，但圣海伦斯火山喷发造成的伤亡人数要比前者少数千名。其次，地震学家和火山学家是根据对地下地震、岩浆活动、地表温度以及其他指标的实时信息预测现在，了解到发生大规模火山喷发的可能性。最后，在圣海伦斯火山事件中，由于决策者预测了现在，他们就有机会作出能够拯救生命的正确决策。

如果在实际工作中做到预测现在，销售经理们就能实时了解那些被确认的销售收入，因此也就会寻找机会采用更多的鼓励措施或其他方式提高收入。管理者能够看到每天的损益表，能够将其与过去同一时期的情况进行比较，因此也就能够发现投资机会或削减成本，使各项经营结果符合预期目标。其他的管理人员能够实时评估员工的生产情况，并寻找改变资源分配、实现经营目标的机会。只要做到预测现

第一章

在,我们就会看到早期的预警,实时发现机会也就成为可能。有能力的管理者总能通过手头上一些关于企业状况的实时信息找到使经营结果好上加好的机会,或至少采取行动来减少恶性结果带来的损失。

结论:

1. 如果在某些事件发生时具备捕捉、获得、监控和分析那些事件的能力,你就能够预测现在。

2. 如果能够预测现在并看到关于困难或成功的各种实时存在的早期预警,你就能够发现提高业绩的机会。

3. 如果利用这些机会采取有效行动,你就是在致力于实时机会探测。

这样的讨论必然会引出下面的问题,即如何开始预测现在和实时机会探测。在回答这个问题之前,我们需要更仔细地分析一下当今企业界的运作方式,也需要更深入地研究一下各种突发事件、其产生的影响和应对措施等变量之间的相互作用原理。

实时企业: 在本书后面的内容里你会看到对实时企业更详尽的论述,但由于媒体对实时企业一词的大量宣传,在这里将实时机会探测与实时企业两个概念加以区分会有一定的好处。实时企业(RTE, Real time enterprise)致力于在所有关键经营过程中进行实时机会探测,这是通过对影响企业成功的一些关键事件的发生过程进行监控、捕捉、分析和报告来完成的。而且,实时企业在必要时会重新设计企业运作过程,以更有效率和更有效果地给出应对措施,从而进一步提高业绩。

寻找目的港

本章开头引用的是亨利·亚当斯的比喻,他将美国总统比喻成船长。同样的比喻也适用于成功的企业经理、主管和高级职员。实际上,指挥一艘船和领导一家企业极其相似,两者都既需要目标,也需要朝着该目标一步步前进。历史上大多数的船长也都是企业管理者(有些现在还是),他们对自己指挥的航程的投资收益负责。

1743年早春,哥德堡(Gotheborg)号船长在接到瑞典东印度公司的命令后,指挥着该公司的旗舰哥德堡号轮船从瑞典起航,驶向中国广东。哥德堡号已经成功进行过两次收益颇丰的中国之行。然而,这次航行将不同于从前。1745年9月,在离开瑞典两年多之后,船长和他的商船终于成功返航,船上满载的茶叶、香料、丝绸、瓷器等货物一直堆到船舷。根据一些目击者的讲述,就在进入港口之前,一个人(也许是瑞典东印度公司的代表)上了船,告诉船长:自从该船离开瑞典后,船上现在所载货物的价格已经暴跌,他的货物将无法弥补航行的成本。不久,在当地一名终生为船只导航的领航员的指引下,哥德堡号撞上了水下的一块大石。这块石头已经在航海图上被标记了200多年,因此当时大多数的船员一定知道它。船迅速下沉,货物全部损失,但船上的每一个人却都奇迹般地成功逃生。瑞典东印度公司和船长因为那起事

第一章

故从保险公司获得了一大笔赔偿。除了最后的12个小时之外,哥德堡号两年多来一直是以两年前有关香料和瓷器的市场信息为依据进行决策。而最后时刻实时传递的一条信息使它的船长找到了一个不同的"目的港",从而对他远航投资的收益产生了一个虽然非法,但却戏剧性的影响。[3]

令人感到可怕的是,在过去250年的时间里,我们在将高质量的信息传递给管理者方面取得的成效实在是微乎其微,而正是这些管理者肩负着使自己的开拓精神朝正确目标发展的责任。虽然管理者依靠两年前的市场信息进行决策的情况并不常见,但根据上一年市场份额来制订战略计划或进行战术调整的情况却屡见不鲜。管理者会千篇一律地陷入哥德堡号的境地:驶向目的港,期待着市场情况不会与以前有任何出入。

我们在引言部分里已经看到,警告总是存在的。而如果人们根据过时的信息作出决策,就会导致灾难性的后果,因为过时的信息会掩盖事件发生的征兆或警告。在我们看到的三个例子——三英里岛、挑战者号航天飞机、9·11袭击——当中,关键决策者在作出决定时都没能掌握关于当时情况的最新信息。在挑战者号空难中,作出发射决定的人认为发射现场的温度处在安全范围内。在三英里岛事件中,技术人员接受的培训和使用的信息没有经过更新,没有被及时通知要警惕那类问题。在9·11事件中,移民官员在批准学生签证时使用了过时的恐怖嫌疑分子名单;某些联邦调查局官员在评估外国学生在飞行学校的活动时根本不了解他们要利用飞机作为武器的计划；前三架飞机的惨剧还因为当时人们遵守了过时的劫持飞机人质应对规则，该规则现在已经被废除。93号飞机上的英雄们在通过手机与亲人通话并了解到这并非"典型"劫机事件后，向我们展示了人们在拥有最新信息后能做到什么。他们作出了不同且更好的决定。

通常情况下，企业管理者也与上述三个例子中不幸的人们处于同样的境地，即他几乎是在对当时现状毫无了解的情况下作出商业决策。通过令人惊叹的现代导航设备，今天的船长能够获得关于方位、速度、方向、洋流等的最新信息；利用这些信息，他们能够及时作出各种变化，安全到达目的港。而今天的管理者们还是在几乎没有任何关于企业发展进程和周围环境的实时信息的情况下向目标进发。他们无法预测现在，因为他们对现在一无所知。

实时信息的价值

到目前为止我们已经通过相当广泛的例证阐述了实时信息、预测现在和实时机会探测的价值，现在要看一些更具体的问题了。为什么实时机会探测对管理者很有价值？为什么预测现在会带来更好的决策？答案是实时信息非常宝贵，因为它使管理者能够拥有最多的应对措施备选方案。

正如图1-1所示，对一件事情可能作出的应对措施，即图中的三角形区域，与事件所造成的影响出现之前的时间量

第一章

（用横轴表示）直接相关。换句话说，一件事情发生后，在它的影响出现之前，管理者能够采取的应对措施的数量随着时间的流逝而减少。

图 1-1

当事件发生后，对于事件可采取的应对措施的数量随着时间的流逝而减少，呈现三角形。

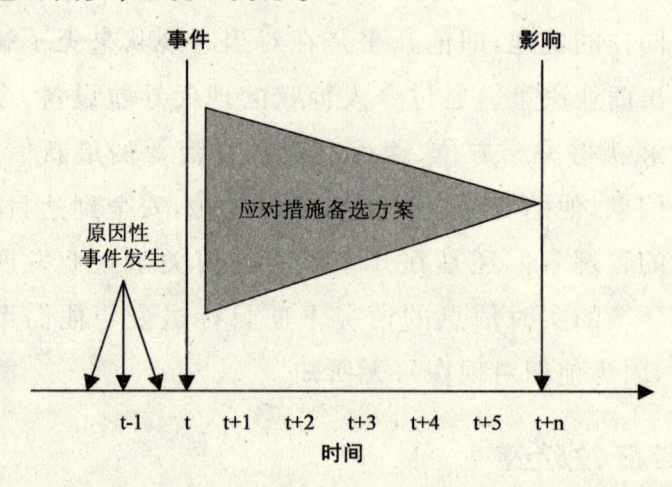

原因性事件发生　事件　　　　　　　　　　　影响

应对措施备选方案

t-1　t　t+1　t+2　t+3　t+4　t+5　t+n

时间

应对措施备选方案：应对措施备选方案是在事件所产生的影响出现之前可能采取的各种行动，这些行动的目的是减少该事件的负面影响或加强其正面影响。例如，如果企业销售量在减少（事件），一种可选择的应对措施就是在无法实现季度销售目标这种由事件产生的影响变成现实之前便通过增加广告的方式来提高销售量。

我们以早晨驾车上班为例。如果你只有在离十字路口

20英尺远时才能判断出你经过的每个路口是红灯还是绿灯，你每天的驾车经历会怎样呢？有两种可能：(1)你会习惯了在最后一刻急踩刹车，试图在红灯出现之前把车停住；(2)你会在到达十字路口前明显放慢车速。同样还是驾车上班，如果你在到达交叉路口前两英里处就知道信号灯状况，而且在每次接近路口时都能获得关于红绿灯变化的最新信息，情况又会怎样呢？你就会有很多的选择。你可以改变速度、车道，甚至行车路线，以便在每个十字路口都能赶上绿灯。这又证明了上述观点，即你对一个事件（信号灯变为红灯）拥有的应对措施备选方案的数量多少和质量高低与事件所产生的影响（与另一辆车相撞）出现之前你拥有的时间多少直接相关。

与上面假设中的司机一样，30年前的管理者还会有"减速"的选择，即在作出重要战略决策时可能会有充足时间等候信息的到来。今天的管理者可就没有那么奢侈的待遇了。由于企业发展步伐的加快，即使没有最新信息，决策也必须立即作出。管理者们在接近十字路口时无法选择放慢速度，当信息在最后一刻到来或根本就没有到来时，他们只能尝试采用激进手段改正路线。在驾驶过程中，这样的激进手段意味着猛踩油门。在企业经营中，如果出现坏消息或情况一团糟时，激进手段往往意味着非常仓促、残酷地削减预算和裁员；如果出现好消息，激进手段则意味着采取缺乏规划的紧急手段以抓住机会。

第一章

适时与实时

在讨论实时信息时有一种不好的倾向,即把实时信息与实时应对混为一谈。其实,了解整个过程当中哪些部分需要"实时"发生,哪些部分需要"适时"发生非常关键。为了弄清楚这个问题,我们要回头看前文的图表。但现在,我们的关注重点不是放在应对措施备选方案上,而是要看一下理想经营环境中从事件发生到事件的影响出现之间的各个步骤。具体来讲,这些步骤是:(1)监控与事件相关的信息;(2)捕捉信息的变化;(3)分析信息;(4)报告信息;(5)对信息作出应对。

客机上所安装的现代雷达设备也许最能说明这些步骤。这种设备叫做避免交通碰撞系统(TCAS),其目标是防止飞机在空中发生碰撞。20世纪五六十年代,随着空中交通的发展,发生了多起飞机空中相撞事故,该设备也就应运而生。为了避免空中交通碰撞:(1)TCAS利用雷达监测飞机飞行时周围的区域;(2)当另一个物体进入飞机飞行周围半径大约25英里的范围时,该系统能够实时捕捉到这个信息;(3)分析信息,确定该物体是否是另一架飞机(而不是一只鸟),以及它是否位于撞击路线上。如果是,(4)该系统向飞行员发出报告,并指示采取怎样的应对措施以避免撞击。最后,(5)飞行员采取应对措施。这里要注意,飞行员无法监控飞机周围空间的一切情况,他还要处理别的事情,但这个系统一直在监控信息,保证飞行员在必要时会收到有关飞行环境的实时信息。这就是实时信息的目标——不是要管理者盯着仪表盘，而是实时传递给他们正确的信息。

再回头看驾车的例子，这次我们用大多数开车的人通常遇到的情形来描述整个过程（见图1-2）。假设下一个路口的信号灯变成红灯，你在没到这个路口前的某一点获取了这个信息。随后，你分析了情况，并告诉自己到达路口时不能立刻通行。这时，其他可选应对措施（如寻找另一条路线等）都已经为时太晚，唯一的选择就是停车，而且所有这一切都要在不停车会导致的非常明显的影响出现之前做完。虽然事件的发生和它的监控、捕捉、分析、报告之间的时间差无法使你获得最理想的选择（你仍然必须停车），但却能使你避免灾难（没有发生车祸）。如果企业在经营过程中，大多数情况下能以这种方式运作，结果就不会像现在这么糟。

然而，企业经营中的大多数情况看起来更像图1-3所描述的情形，一直到一切有效措施都已经为时太晚时，企业才对事件信息进行监控、捕捉、分析或报告。我们讨论实时信息的目标不仅是要更早地完成信息的捕捉、监控、分析和报告等具体步骤，而且要像图1-4所描绘的一样将整个过程推进到实时状态。这样做不仅会保证产生最多的应对措施备选方案，而且能使我们从中找出最佳方案。

第一章

图 1-2

该图说明企业成功地对事件作出应对的步骤：监控、捕捉、分析、报告、应对和有效地调整应对措施。

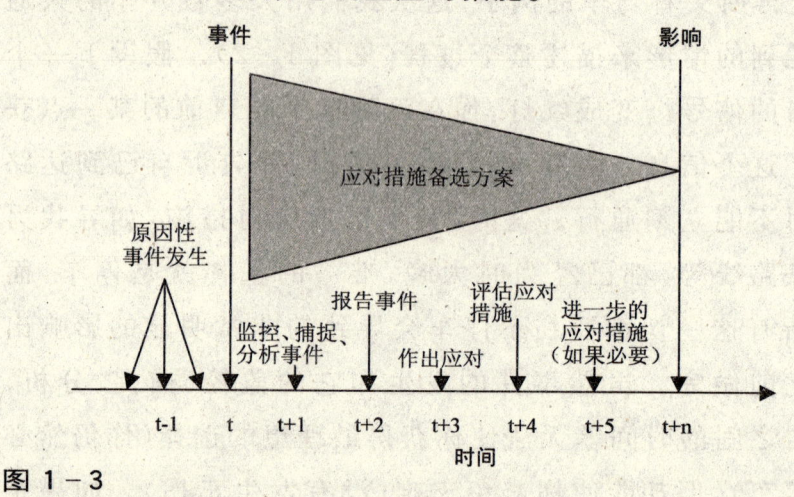

图 1-3

事件发生很久后企业才对其进行分析和报告，这时许多应对措施已不可行。

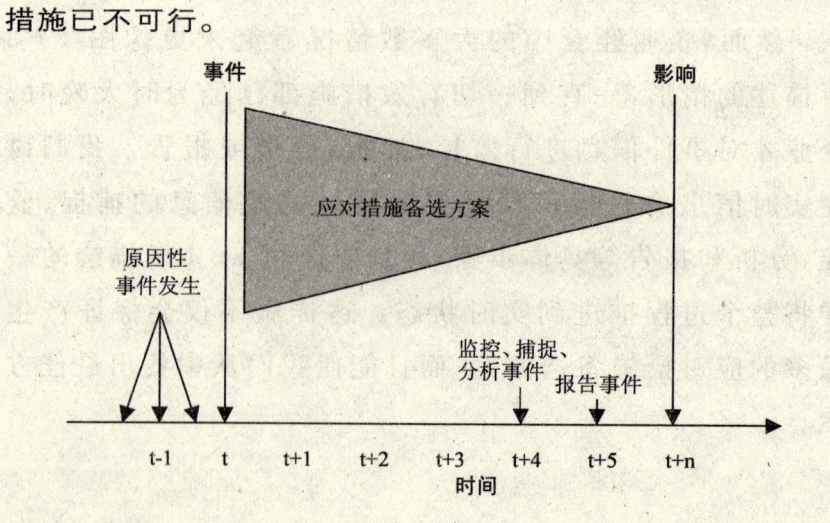

图 1-4

能够实时地监控、捕捉、分析并报告发生的事件,产生尽可能多的应对措施备选方案。也许或迟或早地出现,因为管理者有条件权衡所有可能的应对措施并选择最佳方案及实施时间。

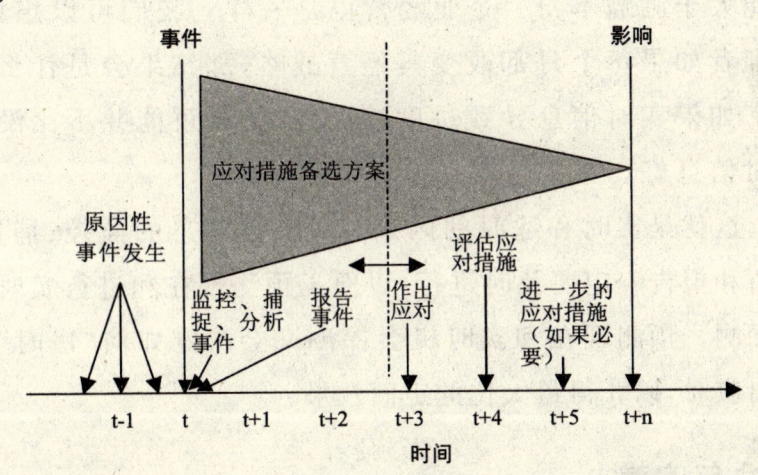

还需要注意的一点是,应对措施不一定要立刻作出,也不一定是越早作出越好。虽然很多时候是及早作出应对好,但有些情况下却应该晚些作出。在驾车的例子中,假设你能够获得所有潜在行进路线上交通信号的实时信息。有了这样的信息后,你也许会发现虽然改变路线会使你避免一个红灯,但行进速度可能更慢。因此,没有经过深思熟虑的实时应对可能导致比原先更糟的情形。"适时"应对的优势要远远大于实时应对。

虽然人们总是能够从事件的实时信息中获得好处,但实时应对在很多时候是弊大于利。对于某些癌症的近期

第一章

研究表明,早期发现癌症并不能提高病人存活率。医生认为,早期诊断之所以不能提高治愈机会,主要是由于过早采用大量的抗肿瘤治疗。虽然关于肿瘤情况的实时信息使得很多应对措施成为可能,但目前为止医生还是一直使用最强的抗肿瘤治疗手段,而这种治疗对整个健康的伤害可能大于肿瘤本身。[4]企业经营也是一样。我们可以想象,管理者如果每个月都改变其经营战略,那结果会是什么样子。如果实时信息导致过度的反应,结果可能并不比没有实时信息好。

这就是实时和适时的区别。对关键信息的监控、捕捉、分析和报告一定要及时进行,以便于预测现在和进行实时机会探测。预测现在和实时机会探测又会决定如何"适时"地作出应对,以获得最大化的正面效果。

机会与灾难

本书的主题是如何结束看似没有任何警告的企业突发事件。在继续讨论之前,我们有必要看一下各种类型的企业事件:突发事件、机会以及灾难。正如我们从引言的各个例子中看到的,真正没有任何警告就发生的事件的数量很少,发生频率很低。几乎所有的事件事先都能够看到警告,虽然警告信息可能不在恰当的人手中,或者直到太晚时才到达恰当的人手中。这里根据监控、捕捉、分析、报告、应对的不同步骤将各种事件分为三大类,并对每一类加以举例说明(见图 1-5)。

图 1-5

依据结果出现前对信息的掌控程度不同而划分的三种不同类型的事件。

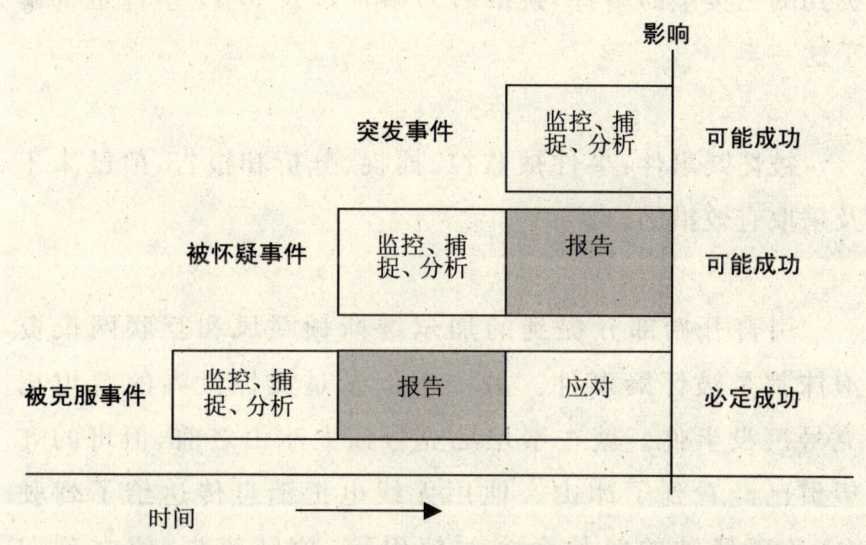

				影响
突发事件		监控、捕捉、分析		可能成功
被怀疑事件	监控、捕捉、分析	报告		可能成功
被克服事件	监控、捕捉、分析	报告	应对	必定成功

时间 →

突发事件：事件没有被报告,原因可能是没有监控、捕捉和分析信息。

一个很好的例子是 1994 年的一起间谍案。当时发现美国中央情报局高官奥尔德里奇·埃姆斯(Aldrich Ames)为前苏联情报和国家安全委员会以及它的后续机构做了九年的间谍。在从事间谍活动期间,埃姆斯的总花销是他总薪水的三倍;有证据证明,他还曾多次从事中央情报局明令禁止的活动。然而,中央情报局的调查人员没能利用这一信息预测现在,没能找到机会阻止这个最终导致至少九名中央情报局

第一章

人员死亡的间谍活动。[5]

这个例子与众多其他突发事件一样,信息轻而易举便可获得,但没有人监控它,就更别提报告了。我们在引言部分提到的三英里岛事件、挑战者号事件以及9·11事件也都属于这一类。

被怀疑事件:事件被监控、捕捉、分析和报告,但已来不及采取有效措施。

引言开始部分提到的加尔维斯顿飓风和互联网投资泡沫都是被怀疑事件。另一个例子是震惊世界的泰坦尼克号沉没事件。就在泰坦尼克号撞上冰山之前,值班的守望员已经看到了冰山。他用无线电把消息传达给了驾驶台,负责驾驶的船长命令关掉引擎,掉转船头,船立刻向右转。然而,正如我们现在都已经知道的,时间已经来不及了。虽然收到警告,却为时已晚,泰坦尼克号撞上了冰山。

一个离我们更近一点儿的例子是2000年6月发生在科罗拉多(Colorado)州丹佛(Denver)西南约30英里处派克-桑·伊莎贝尔(Pike-San Isabel)国家森林公园的海曼(Hayman)森林大火。在火灾发生前几天内,该地区的气温一度升至华氏90度以上,风力明显增强,树木、叶子及其他地面可燃物的湿度比建筑上使用的烘干木材的湿度还要低30%左右。[6]面对极高森林火险的气候条件,林业管理局发布了整个地区禁止使用明火的命令。6月8日,林管局员工特丽·巴顿(Terry Barton)在强制实施禁火令的巡逻中,决定点着一圈儿营火烧毁一些个人信件。在信件被烧毁后,她掩埋了明火,并在认为火已经完全熄灭之后离开了现场。然而,在即将离开那个地区时,她发现火仍在燃烧,而且已经蔓延到了营火圈儿之外。在极力想自己将火扑灭但失败后,她跑去报告了正在迅速蔓延的火情。但消防车到达现场时,火势已经无法控制。[7]当火魔在7月2日最终得到遏制时,这场科罗拉多有史以来最大的火灾的过火面积已经达到了137 000英亩,吞噬了133座房屋、一幢商用大楼以及466座车库、谷仓等附属建筑物。[8]巴顿想要掩盖火灾起因的想法导致了火灾报告的重大耽搁,从而也阻碍了可能的应对措施的有效实施。令人惊讶的是,这种行为是导致这类事件发生的最常见原因。由于害怕自己的错误行为被发现,人们往往隐瞒信息,直到无法挽回时才向相关人员报告坏消息。

被克服事件:这类事件被及时报告,因而人们可以及时地采取有效的行动。

圣海伦斯火山(Mount Saint Helens)爆发便是一个被克服事件的例子。科学家们发现了火山将要爆发的征兆,政府便采取了有效的行动尽可能地减少受灾人员的数

第一章

量。

虽然无法确定9·11中的主要事件是否属于突发事件,但那天的其他事件绝对可以说是被克服事件。全球最大的电子商务网站之一——eBay,在世贸中心的第一座大厦倒塌的一个小时内便发现有人在其网站上拍卖大楼的瓦砾。通过预测现在——我们要在第五章中具体讨论这个内容——eBay的高管们得以对这些冷酷无情的拍卖品进行了妥善的处理。毋庸置疑,通过实时地看到机会并采取了恰当的应对措施,eBay的声誉与公众形象避免了受到严重的破坏。

试图将一个事件归纳为上述三种事件中的某一类有时并不容易,其难点就在于一个事件到底属于哪一类完全取决于参照点。举一个简单的例子:由于福特探险者(Ford Explorers)轮胎存在高速状态下脱落导致翻车的隐患,消费者产品安全委员会(Consumer Product Safety Commission)、福特(Ford)公司和凡士通(Firestone)轮胎公司召回了某些大型运动用车(SUV)的轮胎。对于那些成千上万的已经替换了凡士通轮胎的人们来讲,这个事件(发现轮胎胎面系统脱落)属于被克服事件,因为人们发现了轮胎缺陷的征兆,并采取了适当的行动。然而,对于因轮胎的缺陷而失去亲人的不幸的家庭来讲,这个事件属于被怀疑事件:因为这个事件被发现得太晚以致不能采取有效的行动,损失也没能避免。

超越被克服事件

为了简单起见,前面的描述以被克服事件做结尾,也就是能够找到有效的应对措施的事件。然而,我们发现作出应对并不是唯一的任务。最优的结果并不总是来自对事件最初的应对措施。理想情况是,应对应当具有一定的提前量,即具有充分的时间去评价应对的效果(通过捕捉、分析并报告结果),并在必要的时候对应对措施进行改进。

当然,评估应对措施的有效性以便确定是否需要对最初的应对措施进行改进并不是什么新的创意。但是在实时机会探测的过程中,雇员、经理和高层管理者们必须寻找时机进行评估,从而作出最有效的应对。寻找时机对应对措施备选方案进行评估,给管理者施加了很大的压力,他们需要缩短报告事件,同时也要缩短对其作出应对所需的时间。

我们所谓的机会事件与灾难事件之间的最大区别主要取决于该事件属于哪一种类型。像圣海伦斯火山爆发那样的事件,虽然它对周围环境造成了很大的破坏,仍然可以被视为机会,因为它为那些被疏散的人们提供了继续生存的机会。这个机会的出现是由于那个原本的突发事件或被怀疑事件最后变成了被克服事件,而这要感谢那些预测了现在的火山学家和地震学家,也要感谢那些进行了实时机会探测的相关权威人士。

第一章

　　结束企业突发事件并不需要那些有特异功能的人。事实上,这不需要任何有关未来的知识。它只是需要管理者对现在保持警觉,即对有关企业目前经营状况的一些重要数据保持警觉。利用这些信息,管理者能够在任何时刻都充分了解情况,也就是我们所谓的预测现在。正是这些对于企业中所发生的情况的实时了解,管理者才有可能采取行动防止突发事件发生,并将这些突发事件转化为机会。

　　将突发事件和灾难转化为机会是我们现在所要关注的问题。在第二章中,我们将讨论搜集和监控那些可以帮助我们将突发事件或灾难转化为被克服事件并进而转化为机会的信息的方法。

第二章　识别并验证准确的实时信息

预先准备，事成一半。

——堂·吉诃德

在二战结束时，许多美国人都坚信，他们的国家是世界上最强大的。可是，就在4年以后，当苏联于1949年8月29日引爆它的第一颗核弹时，美国人的信心被动摇了。美国的科学家和情报部门官员都大大地低估了苏联开发和拥有自己的原子弹的速度。当消息来源显示苏联正在加紧建造远程轰炸机时，美国人更加为之震惊。这两条消息让人们毋庸置疑，美国大陆难以抵御苏联发动的核进攻。

为了应对新的威胁，负责战略规划的高级军方官员于1952年夏天召开了精英科学家会议，以确定美国如何才能更好地抵御这种新出现的令人恐怖的核进攻。这些科学家很快就得出结论，苏联最可能的进攻方向就是横跨北极，因为

第二章

这是苏联空军基地和美国主要人口聚集区之间的最短距离。而且,科学家们认为,防止跨北极的核进攻,唯一的方式就是部署一条雷达设施防线,全方位地覆盖两国之间的每一英里区域。雷达防线还必须在任何飞行器出现的瞬间能够向中央防空司令部(那时被称做CONAD,现在是NORAD)汇报,以便作出实时的应对。

到1954年,远程早期预警防线——这一最伟大却鲜为人知的现代工程——已经完工(见图2-1)。该防线为从阿拉斯加的巴罗角(Point Barrow)到加拿大东部边界共3 000英里的冻土地带提供了实时的全方位雷达覆盖。在工程完工时,该防线可以在苏联轰炸机出现在美国人口居住区上空之前的4—6小时内提供报警,从而赋予了美军足够的时间采取措施在进攻抵达目标之前对其进行拦截,消除核武器带来的不可逆转的灾难性后果。[1]

尽管远程早期预警防线在保卫国家安全方面起到了关键的作用,然而在工程完工时,美国在监控航空器靠近其他边境线的能力上仍然有漏洞,比如说没有立即在墨西哥边境上构筑类似的防线。

美国并没有在全部国境线上而是在最重要的国境线上部署了全方位雷达覆盖系统。同样,经理人要想使自己的企业成功地实现目标,也只需要获得有关企业运营的某些方面的实时信息,而非方方面面的实时信息。

图 2－1

部署远程早期预警防线是为了保护美国免受来自苏联的空中核打击。

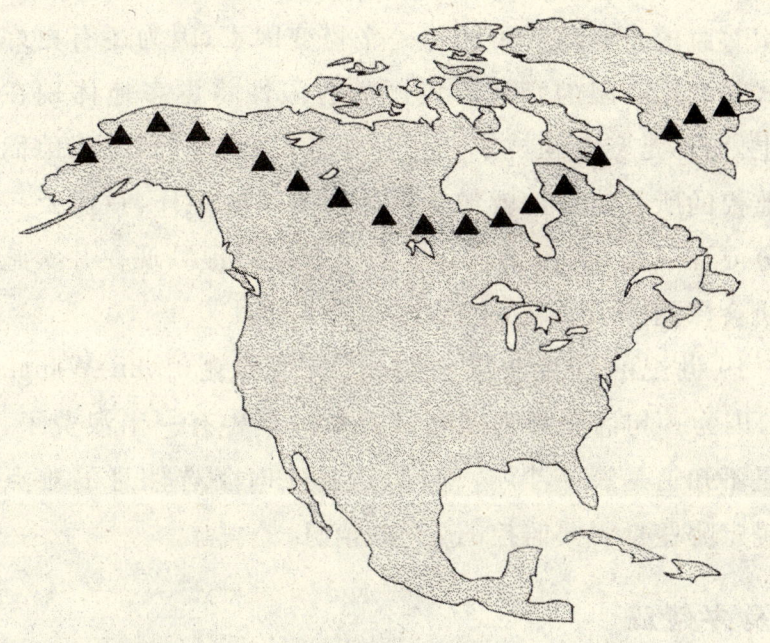

资料来源：高德纳公司（Gartner Inc.），基于 NORAD 数据。

能力具备并不意味着要面面俱到

很显然，美国军方能够环绕全国甚至环绕大陆构筑一条雷达环形防御带。但他们并没有这样做。原因很简单：与其把有限的国家防御资源用来防范不可能发生的来自南方的空中攻击，不如将其用于其他方面。北美防空联合司令部负责监控来自远程早期预警防线的实时信息的人员监视着大约只占美国全部边境 35% 的地区；如果考虑所有不在美国本

第二章

土大陆外的潜在攻击目标（比如驻扎在西欧、日本和朝鲜半岛的军事基地），这个百分比还会更低。

虽然技术上的飞速进步，如射频识别、掌上电脑、无线通信和网络服务，使得监控成本急剧下降，管理者也不必试图去实时监控企业运营中的每一个可变因素，因为还有更好的方式来利用有限的资源。资源的有限性将更多地体现在时间上，而不是资金和技术上。管理者不会有时间跟踪他们能够监控的所有信息。就像美国的防御系统一样，只需要一小部分或许只是5%的潜在运营数据就足以预测现在并实施实时机会探测。

19世纪的百货业巨头约翰·沃纳梅克（John Wanamaker）因为一句话而颇为闻名，"我做的广告有一半浪费了，我只是不知道是哪一半"。同样，选择实时备选信息的难点就是确定哪些是需要监控的5%的信息。

识别并验证

鉴于实时监控信息的每一份努力都要耗费资源——不管是信息技术资源还是监控花费的时间——管理者必须辨别哪些信息应该实时监控，并判断获取和实时监控信息所需的努力是否物有所值。我们就把这个过程称为识别并验证。

监控哪些信息当然完全取决于雇员、主管、经理或者高层管理者的身份和职责。以一艘现代轮船上的船长为例。很明显，鉴于现代技术的发展状况和唾手可得的工具，船长可以随时监控大量影响船只的情况或事件，包括冷藏室的温度和附近水域内鱼的数量。这样的信息值得监控吗？值得花费资金来安装必要的传感器吗？如果我们所说得的这条船是艘油轮，答案当然是否定的。然而，如果这艘船正为东京的寿司市场捕捞金枪鱼，答案就一定是肯定的。

不幸的是，对于大多数管理者来说，到底需要监控哪些信息以及是否值得花费气力去监控、捕捉并报告这些信息这两个问题的正确答案并不是很明显。管理者的职责纷繁复杂，其责任与分工取决于企业内部和外部各种各样的发展进程以及影响这些进程的因素。设想有一位消费品股份有限公司（Consumer Products，Inc.）的产品经理，他肩负着实现年度预期收入和利润目标的任务。实现目标取决于多种因素：产品价格、有竞争力的产品、销售人员投入程度、主要零售通道的货架空间、经济状况、消费者支出、产品品质、产品实用性、原料成本、广告效果等等，这个单子还能继续列下去。面对如此之多影响目标实现的因素，每个人都可能禁不住惊呼："有太多事情需要实时监控了！"的确，这是事实。但是别忘了我们的目标是预测现在，而预测现在不需要监控所有的运营数据，需要的只是最关键的数据。

在影响经理们实现目标的众多因素中，如何确定哪个因素对于预测现在是必要的，哪些因素值得去实时监控、捕捉和报告呢？这就应该通过识别和验证模型去过滤所有可能的备选信息，以确定哪些信息值得实时监控（见图 2-2）。

第二章

识别模型

我的一个朋友曾住在加利福尼亚的马林郡(Marin County),那时候那里正值可怕的野火高发季节。有一天,警察沿街而下,命令所有人都要在30分钟以内离开家,不离开者将被强制撤离。"那个时候,我只能有选择地从房子里抢救出点儿东西来。我突然非常清楚轻重缓急,知道哪些积攒下来的东西值得去抢救。"我的朋友这样告诉我。管理者在考虑预测现在所采用的备选因素时也需要把自己置身于类似的这种"火场考验"之下,以确定轻重缓急。

图 2-2

识别和验证模型有助于将许多实时监控的备选信息缩减到几个确实值得监控的信息。

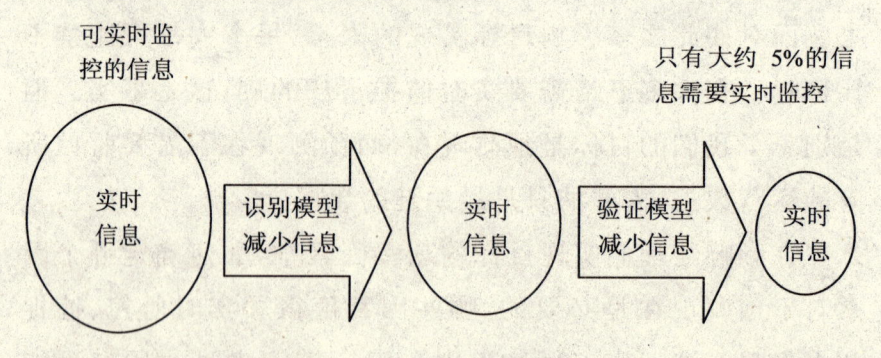

可实时监控的信息 → 识别模型减少信息 → 实时信息 → 验证模型减少信息 → 实时信息

只有大约 5% 的信息需要实时监控

识别模型的第一步,列出目标(见图 2-3),要求确定季度、年度和计划期间——视具体情况而定——的所有目标,并且确定用于判断目标是否实现的衡量标准。通常,衡量标

识别并验证准确的实时信息

准在目标当中有明确的表述("获得22%的市场份额""实现2 000万美元的收入和300万美元的利润")。如果没有,衡量标准需要阐释清楚,因为它们是真正需要实时追踪的信息。如果还没有明确的衡量标准,所选择的标准必须合理(必须与衡量的目标相对应)且可靠(在较长的一段时间内可以准确、客观地衡量他们,不得出现过分的差错)。[2]

图2-3

在识别模型中,辨识企业目标与原因性事件、确定优先次序并进行评估。

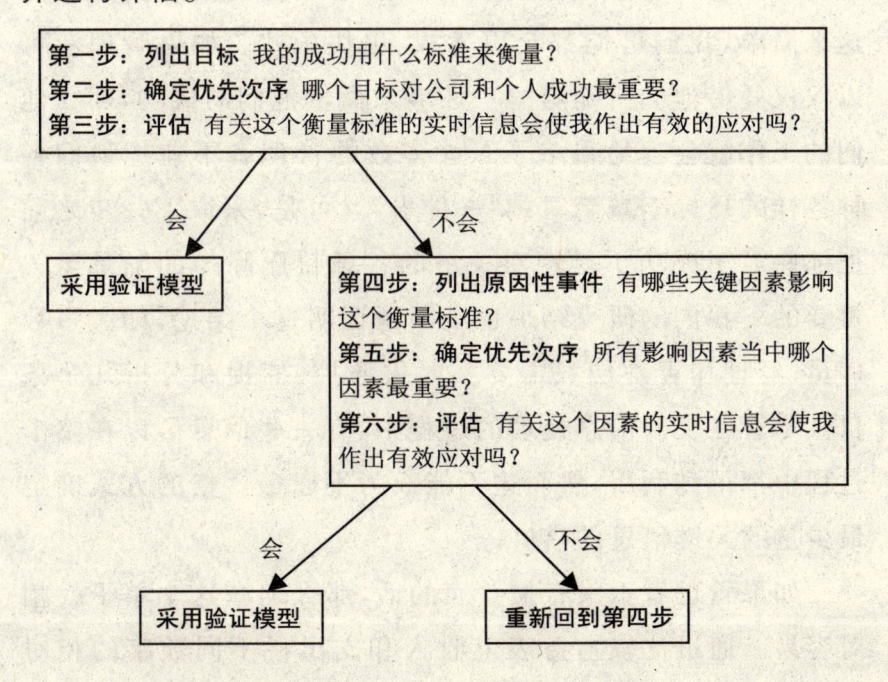

```
┌─────────────────────────────────────────────────┐
│ 第一步:列出目标 我的成功用什么标准来衡量?        │
│ 第二步:确定优先次序 哪个目标对公司和个人成功最重要?│
│ 第三步:评估 有关这个衡量标准的实时信息会使我作出有效的应对吗?│
└─────────────────────────────────────────────────┘
         会            不会
          ↓             ↓
    ┌──────────┐  ┌─────────────────────────────┐
    │采用验证模型│  │ 第四步:列出原因性事件 有哪些关键因素影响│
    └──────────┘  │ 这个衡量标准?                │
                  │ 第五步:确定优先次序 所有影响因素当中哪个│
                  │ 因素最重要?                  │
                  │ 第六步:评估 有关这个因素的实时信息会使我│
                  │ 作出有效应对吗?              │
                  └─────────────────────────────┘
                         会            不会
                          ↓             ↓
                    ┌──────────┐  ┌──────────────┐
                    │采用验证模型│  │重新回到第四步│
                    └──────────┘  └──────────────┘
```

模型的第二步,确定优先次序,面对目标列表问一下自

55

第二章

己,"如果我只能实现其中的某些目标,哪些目标最能确保公司和我个人的成功呢?"换句话说,如果火灾正对你的办公室还有你去年完成的工作的所有记录构成威胁,哪些证据你最想抢救出来?清楚地界定目标,确定衡量目标的标准,以及将目标缩减到最重要的几个(即确定优先次序)的这一过程,对于确定哪些信息在预测现在时应该被考虑到,是至关重要的。

有故事讲,"崇拜者"问"领袖":"生命的奥秘是什么?"回答总是差不多这样:"奥秘就是一件事,但是你要自己想明白这件事是什么。"如果获得幸福而有意义的生活的奥秘真的这么简单,我们可能都会更幸福、更快乐些。如果管理者可以仅仅凭借他们所确定的一件事来衡量他们的成功,那么他们的工作就会容易得多了。大多数的管理者不能把他们各种各样的目标缩减到只剩"一件事"。可是,采取下一步之前把那些对于成功不是绝对关键的各条目删除掉的确是至关重要的。我们的研究结果也不断地证明这个结论,即大多数雇员、经理和管理层只需要实时去监控、捕捉和分析几个条目。尽管在实时信息处理的过程中,有一些信息可以在整个过程中都得到利用,然而这不能成为不以最严格的方式确定最少量的关键信息的借口。

如果管理者手头有损益表的话,那么缩减这个单子就相对容易。通过比较损益表上收入和支出栏不同数字的相对大小有助于确定最重要的需要考虑实时获取和监控的条目。另外一条指导原则就是关注变动成本,而非固定成本。然

识别并验证准确的实时信息

而,这些指导原则也不是一成不变的硬性规定。最大的数目或者变动成本并不总是需要监控的最重要的条目。有损益表或者没有损益表的经理都需要考虑许多非财务衡量标准,这些标准可能对成败至关重要,例如顾客满意度、员工保持率或品牌忠诚度。有证据表明,如果管理者仅仅盯住财务指标就可能导致灾难性的后果——降低成本以满足单一的利润目标已经使许多公司业绩不断地下滑,因为它们生产产品、提供高水平服务和吸引消费者的能力被削弱了。许多情况下,管理者可以借助经营管理体系,如平衡记分卡、作业成本法或者欧洲质量管理基金会,来指导公司确定首要目标,特别是非财务目标。

让我们再回过头来看看消费品股份有限公司产品经理的例子。该经理在评价了损益表和重要的非财务衡量标准,并假想着经历了"火场考验"后,他确定,他个人的成功取决于利润率,而公司的成功则更多地取决于收入和顾客满意度目标的实现。因此,他决定下一步就将产品的收入、顾客满意度和利润率作为实时监控的衡量标准。

识别模型和平衡记分卡

平衡记分卡的概念最早是在1992年《哈佛商业评论》的一篇文章中提出的,旨在帮助公司员工建立一个衡量指标体系,以综合"历史绩效的衡量和未来绩效的驱动因素的衡量"。[3]该书两位作者戴维·诺顿(David P. Norton)和

第二章

> 罗伯特·卡普兰(Robert K. Kaplan)认为,有四个主要因素可以确保清楚的绩效测度:(1)财务业绩;(2)客户;(3)内部业务流程;(4)学习与创新。表2-1是平衡记分卡绩效衡量体系的示例。
>
> 作者强调,尽管财务指标反映了历史业绩,而客户、内部业务流程以及学习与创新指标可能是未来业绩的主要指标。因此,公司如果使用平衡记分卡或者其他运营绩效管理体系中的主要指标,这些指标就应被作为识别模型中第一步、第二步的备选。

表2-1 平衡记分卡指标体系示例

领域	指标
财务	销售额增长率、地区市场份额[a]
客户	快捷的服务、友好的员工[b]
内部业务流程	新产品需要改进的次数[c]
学习与创新	接受再培训的员工数[d]

[a.] Robert K. Kaplan and David P. Norton, *The Balanced Scorecard: Translating Strategy into Action* (Boston: Harvard Business School Press, 1996), 51.
[b.] 同上,83页。
[c.] 同上,102页。
[d.] 同上,134页。

第三步,评估,就是针对每一个备选方案提出这样的问题:"关于这个衡量标准的实时信息是否能使我有效地作出反应?"在第一章,通过图2-4我们讨论了随着距离事件发生时间越来越远和距离影响出现的时间越来越近,可能改变结局的应对措施的数量是如何减少的。在第一章提到的开车的例子中,我们假定事件(变灯)和产生的影响(与另一车相撞)之间有足够的时间差,或者说有足够的事件—影响时滞,以便作出恰当的应对(刹闸停车)。

图 2-4

识别模型的第三步,评估事件—影响时滞范围内作出应对的可能性。

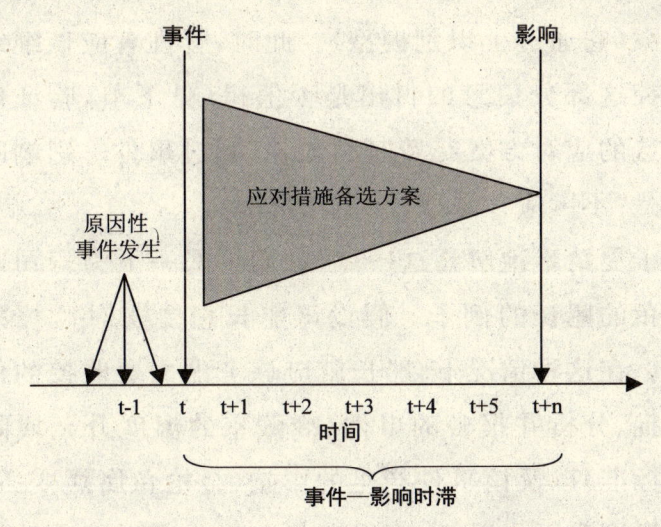

事件—影响时滞:事件—影响时滞就是介于事件发生与事件影响之间的时间段。事件—影响时滞可能是微乎其微的,比如奥运会的射击运动员扣动扳机(事件)与子弹打中目标(影响)之间的时差;也可能非常长,比如在房间里使用含铅的油漆(事件)与若干年后对小孩造成的大脑损伤(影响)之间的时差。

第二章

然而,在企业界,情况却并不总是这样。在确定哪些信息需要实时监控时,管理者需要仔细评价事件——影响时滞与可能的备选方案之间的关系。有些时候,事件与影响之间相隔几个月,而有些时候则可能只隔几分钟甚至几秒钟。很显然,时滞越短要求作出应对的速度也越快。我们所要考虑的问题是,给定一个事件——影响时滞,我们可以用来作出应对的时间是多少。如果可以在允许的时间内(事件——影响时滞范围内)作出应对,这个衡量标准就是预测现在的一个好的备选方案(它通过了识别模型)。此时,管理者应该继续考虑实时监控这部分信息的付出是否值得(见下节,验证模型)。如果备选的应对方案花费时间太长(超过事件——影响时滞),答案就是"不",应该采取进一步的行动。

为了更清晰地解释这一点,我们再看一下为寿司市场捕捞金枪鱼的船长的例子。假设该船长想要实时监控冷藏室的温度。在这种情况下,船长就应该考虑需要监控的信息和需要捕捉、分析并报告的事件(冷藏室的温度升至或降至某一特定标准)以及该事件产生的影响(金枪鱼腐烂变质)。冷藏室的温度升至华氏 70 度以上与金枪鱼腐烂变质的时间间隔约为 12 小时。现在,船长需要考虑可能的应对措施。如果船上有备用冷藏设备,其启动时间为 30 分钟,则该应对措施很符合事件——影响时滞,船长则可以开始评估实时监控冷藏室温度这个信息是否值得(利用验证模型)。但是如果船上没有备用冷藏设备,而且唯一可能的应对措施是花费 12 小时以上的时间驶回港口,那么该应对措施就与事件——影响时滞相冲突,此时船长就应继续进行识别模型中的下一步骤。

接下来的步骤从分析被讨论事件的成因开始。如图2-5所示，任何事件都是因果链中的一个环节。

事事无绝对

有时候，可能很难确定何为因、何为果。在上一章中，我们已经指出，突发事件、被怀疑事件以及被克服事件之间的区别可能完全取决于判断者的角度；在区分事件、原因及影响时也是如此。在广告影响销售额、销售额影响利润、利润影响每股股价上涨这个简单的因果链中，三个不同的经理在确定何为影响、何为事件以及何为原因时可能会各持己见。对于营销经理而言，广告是事件，销售额是影响；对于财务经理来说，广告是原因，销售额是事件，而利润是影响；然而对于公司CEO而言，利润是事件，而股价上涨是影响。总而言之，使用这些词汇是每个经理的主观选择，这并不重要，重要的是在使用中保持前后一致。

通常，第一步"列出目标"和第二步"确定优先次序"能够确定因果链中困扰管理者的事件。但是如果发现针对这个事件提出的应对措施备选方案与事件—影响时滞有冲突，那么在第四步"列出原因性事件"中经理就必须确定导致该事件出现的因素。在为寿司市场捕捞金枪鱼的例子中，当船长发现返回港口这个应对措施与冷藏装置升温—金枪鱼腐烂时滞间存在冲突时，他就需要列出可能导致冷藏设备失效的原因，例如机械

第二章

故障、冷藏剂不足,或者船上电力供应中断等。

图 2-5

每个事件都会产生影响,并继而产生其他影响;区分事件与影响取决于判断的角度。

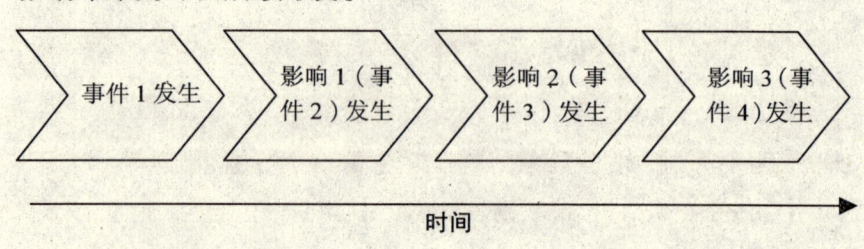

```
[事件1发生] → [影响1(事件2)发生] → [影响2(事件3)发生] → [影响3(事件4)发生] → 时间
```

图 2-6

一个影响很少源于一个原因性事件,通常都存在几个原因性事件。

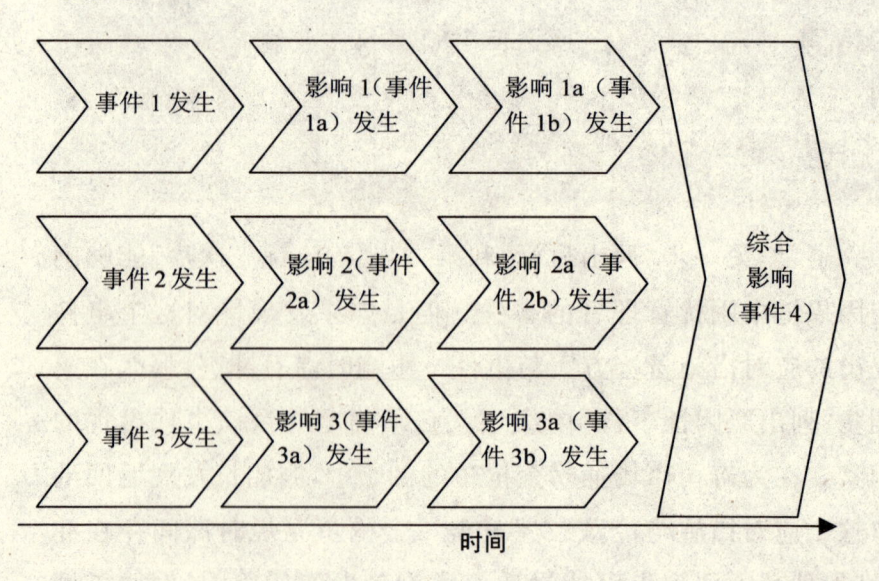

```
[事件1发生] → [影响1(事件1a)发生] → [影响1a(事件1b)发生] ┐
[事件2发生] → [影响2(事件2a)发生] → [影响2a(事件2b)发生] ┤→ 综合影响(事件4)
[事件3发生] → [影响3(事件3a)发生] → [影响3a(事件3b)发生] ┘
                                                    时间
```

正如这个例子所示,因果链通常比图2-5显示的复杂得多。在大多时候,因果链更加接近于图2-6所显示的,即可能由许多事件一起作用产生影响。在第五步"确定优先次序"中,经理必须考虑到所有相关原因并对它们进行排序,就像识别过程的前两个步骤一样——找出最重要或者最可能的原因。此外,理想的状况是只选择那些最关键的原因——如果不只存在一个原因,那就尽可能精减至最少。在第六步"评估"中,经理必须提出和前面相同的问题:"有关这个因素的实时信息会使我作出有效应对吗?"

图2-7

管理者可以通过在因果链中尽早确定原因性事件来延长事件—影响时滞,并继而增加应对措施备选方案的数量。

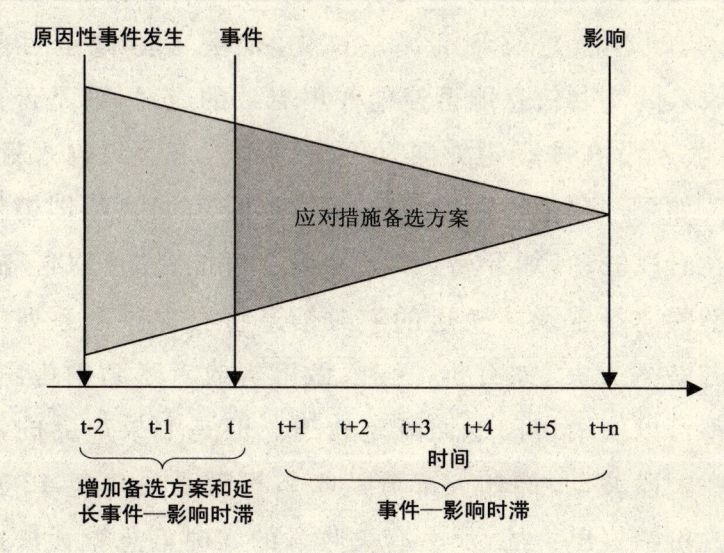

第二章

现在,事件—影响时滞图看起来就像图 2-7 所显示的。从原因性事件的角度出发,最初所考虑的事件现在变成由原因性事件所造成的一个影响。通过在因果链中尽早地确定原因,既可以获得更多用于作出应对的时间,又可以获得更多可能的应对措施备选方案。

在本例中,该船长应考虑冷藏水平降至可接受范围之外、冷藏设备失灵与金枪鱼腐烂之间的时间差。如果该时间差超过返回港口并修理冷藏设备的时间,船长就可以利用验证模型对该方案进行验证。如果时间不足,就需要重新返回第四步——列出原因性事件,寻找导致冷藏水平下降的原因,直至找到在时间允许条件下有效解决问题的方法。

现在我们在利用消费品股份有限公司产品经理的例子来简要讨论一下整个识别过程。他确定三个最重要的目标是收入、顾客满意及利润率。首先,他要考虑截至目前的有关收入的实时信息能否使他作出有效的应对,即是否符合事件(收入没有按既定方向发展)—影响(未达到收入目标)时滞。如果产品销售额始终保持稳定不变的速度,即销售额不存在时段波动,如牙膏,那么答案很可能是"可以"。有关销售额脱离既定发展轨道的实时信息将会提供一系列的应对措施备选方案,如打折、返利、做广告或者激励销售团队,这些都可以使销售额返回既定轨道。但是如果产品的销售额存在时段波动,例如大部分的吹雪机都是在每年 12 月份和 1 月份销售出去的,那么有关收入的实时信息就无法提供足够的应对时间(为了彻底讨论该问题,我们假定返利政策和广告投入增加需要三个星期才能对市场产生作用)。在这种情况下,产品经理确定两个最重要的原因性事件分别是家居用品商店的货架空间和存货水平(以补充库存)。接下来,他将再次评估哪些应对措施备选方案可以符合事件—影响时滞。他确定,有关货架空间的实时信息可以使他作出有效的应对,即增加货架空间以减少销售额下降带来的影响,但是他发现存货水平无法快速提高。因此,他通过寻找原因性事件发现,影响存货水平的两个主要因素分别是零部件库存(如引擎和排气装置)和生产能力。最后,监控有关零部件库存和生产能力的实时信息与达不到收入目标之间的时间间隔足够长,这使得产品经理可以作出有效的应对以提高销售额。

我们再来考虑一下事件—影响时滞可以怎样变化。如果销售收入目标是季度性的,当季度末到来的时候,事件—影响时滞就会缩短。这时,随着时间的流逝,解决销售收入下降的可行备选方案也逐渐减少。因此,好的管理层会力争超越目标,以弥补随着目标的临近而导致的应对措施备选方案的流失。正如船长为了提早抵达目的地而在抵达前增大测量路线和速度的频率,经理们也应在季度末到来之时采取更加积极的行动,以确保取得额外的销售额,避免任何无法弥补的影响目标实现的情况出现。因此,这里讨论的关键是根据正常的事件—影响时滞(平均是季度末的前 45 天)来评估实时信息的监控对象,而不是根据最短的事件—影响时滞(即季度末的前 1 天)。

第二章

在利用同样的识别过程考虑利润和顾客满意度这两个目标后,产品经理确定这些衡量标准都是比较稳定的,因此实时衡量它们将为其提供足够的应对时间。现在可喜的一面是该产品经理已经找出了几个重要的因素,对其进行实时捕捉、监控和报告,以便预测现在和实施实时机会探测,这些因素包括:零部件存货、生产能力、零售货架空间、利润率及顾客满意度。但不好的一面是,该产品经理目前只完成了一半的任务。

验证模型

正如消费品股份有限公司的产品经理一样,管理者通过识别模型会获得好几个备选对象以实施实时捕捉、监控和报告。但几乎可以肯定的是,并不是每个备选对象都是立即可得的,因此管理者必须对其进行排序,以确定先捕捉哪个信息。此外,正如我们在初级经济学课程中学过的,我们生活的世界的资源是有限的,就像很多权威经济学家反复强调的一样,"世上没有免费的午餐"。实时捕捉、监控和报告信息需要耗费资源。因此,在验证模型中,我们要评估哪些信息值得管理者花费时间来监控。但实施信息的实时监控、捕捉、分析和报告不仅需要花费管理者的时间,还需要其他管理者控制的资源,因此对资源分配合理性的验证必不可少。

通过识别模型确定了实时监控和报告的对象后,还必须利用验证模型对其进行评估。正如在美国构筑远程预警防线的例子中,虽然保护美国免遭空中袭击很重要,但显然,在墨西哥边境构筑远程预警防线所耗费的时间、金钱和努力是不值得的。

确定通过识别模型获得的哪些备选对象是非常重要的（拥有最高优先级）以及确定哪些备选对象值得监控（值得利用资源），要求经理们不仅要依靠直觉，而且要使用验证模型，即利用一系列的方法对每一个通过识别模型而获得的备选对象进行测试（见图2-8）。

图2-8

在验证模型中，利用企业目标和重要性评估需要实时监控的备选对象。

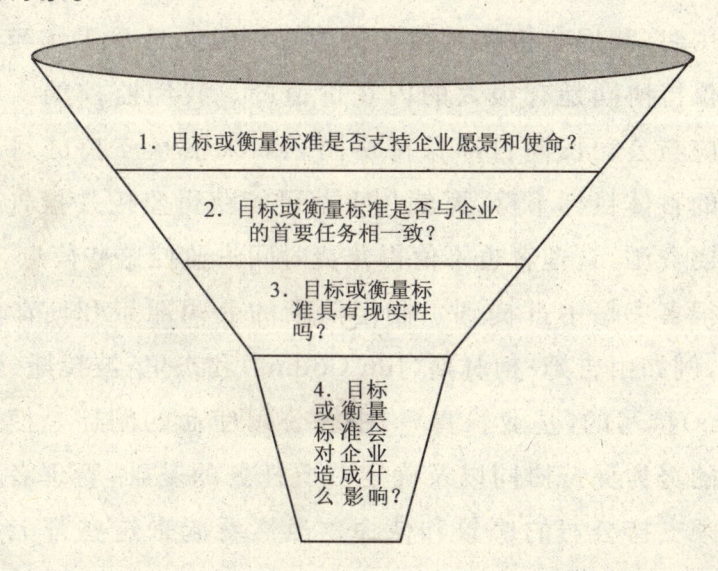

1. 目标或衡量标准是否支持企业愿景和使命？
2. 目标或衡量标准是否与企业的首要任务相一致？
3. 目标或衡量标准具有现实性吗？
4. 目标或衡量标准会对企业造成什么影响？

验证模型像漏斗一样，进一步筛选识别模型所确定的备选对象。模型中每个步骤逐渐严格，不断减少备选对象：

67

第二章

问题1：该信息帮助你获得的目标是否支持企业的愿景和使命？

问题2：目标是否与企业当前的首要任务相协同？

问题3：对于目标来说，该信息具有重要性吗？或者该信息本身能促使你采取行动吗？

问题4：达到或未达到目标将对企业产生什么影响？

公司愿景和使命

"协同"是我们这个时代的一个时髦用语。致力于讨论使各项事务（从薪酬等级到战略计划）保持"协同"的学术研究和商业书籍不计其数。但不幸的是，当某一商业概念被过度使用时，我们会忽略其内在价值——确保日常工作与长期目标保持协同是有很大的内在价值的。我们监控的实时信息也应与公司长期目标保持协同。如果信息支持的目标与公司的整体目标不符，那就几乎不可能获得监控并报告信息的必要资源，管理者也不值得花费时间去监控这些信息。

很多书籍中都提到了制定清晰的公司愿景和使命的重要性，例如由吉姆·柯林斯（Jim Collins）和杰里·波拉斯（Jerry Porras）撰写的《基业长青》一书。公司使命的阐述是使公司上下的努力保持协同以及确定首要任务的基础，管理者的目标必须支持公司的愿景和使命。虽然看起来这些都无须强调，但这个看起来清楚的问题却往往被我们遗忘和忽略。

公司当前的首要任务

显然,即便是对于那些写得很清楚的公司愿景和使命,也存在很多实现这些愿景和使命的方式。在实现公司愿景和使命的过程中,我们该如何确定公司当前的首要任务,以保持与其他指标的协同呢?以下是几个需要关注的方面:

公司战略性商业计划

制订战略性商业计划的一些基础教材和指南通常都建议在公司战略性商业计划书中包括以下内容:

- 愿景
- 使命
- 价值观
- 目的
- 战略
- 目标
- 方案

一旦管理层确立了公司的愿景(公司将来发展所处的市场和其他环境的前景),并最终确定了公司的使命(公司存在的原因),价值观部分将讲述如何开展商业活动。

在确定公司首要任务时需着重考虑后四个因素:

第二章

- 目的的提出是为了给员工和股东们建立一个广阔的期望空间,并勾勒出通过实施计划所希望达到的整体情形和状态。
- 战略是制定基本的规范,说明如何达到理想的结果。
- 目标回答了"我们具体希望取得哪些成就?"这个问题,并明确规定取得这些成就的时间。
- 方案是用于实现目的、战略和目标的一系列具体活动。

公司的目的、战略和目标应明确回答有关优先任务的问题,如收入增长与赢利能力、市场份额目标、成本节约、资产回报率等相比哪个更重要。

指标清单

通常,管理者不能只关注于公司战略性商业计划,因为该计划可能已过时或根本不存在。在这种情况下,高管们给投资委员会成员们做的报告,也就是我所谓的"指标菜单"就非常有用。这些材料之所以有用,是因为它们包含了股东评估 CEO 和其他高管们的指标,而这些指标肯定是高管们首要的工作任务。图 2-9 和 2-10 介绍了两个"指标清单"的例子,一个来自于西南贝尔通信公司(SBC Communications, Inc.),另一个来自于美国铝公司(Alcoa)。这是公司高管向华尔街分析师做的报告,同时也展示了高管们的首要任务。

识别并验证准确的实时信息

图 2-9

这张西南贝尔通信公司投资者报告会的幻灯片清晰地解释了公司的目标。

> **三个关注领域**
>
> ● 成本控制
>   ——在全公司倡议改变成本结构
>   ——2002 年支出限额低于 80 亿美元
> ● 营销方案
>   ——新的赠送计划
>   ——一体化的销售和营销组织
> ● 领导层引导行业进入稳定状态——拥有可持续的投资模式,处于理智的监管和竞争环境

资料来源:来自于西南贝尔通信公司的现场演示——"三个关注领域"。这个投影片引自 http://www.sbc.com/investor_relations/company_reports_and_sec_filllings/0,5931,282,000.html(2002 年 9 月 5 日查阅)。本资料可以从西南贝尔通信公司的投资关系集团获得。

第二章

图 2-10

这张美国铝公司投资者报告会的幻灯片也解释了公司的目标。

```
              消 除 差 距

    ● 目标维持不变——上限
    ● 我们如何
           ——增加销售
           ——降低成本
           ——加强固定资本管理
           ——加强流动资本管理
```

资料来源：来自于美国铝公司的现场演示——"消除差距"。来自于 2002 年 7 月 17 日第二季度分析会议上提交的论文。这个投影片在下述链接中可以看到：http://www.alcoa.com/global/en/investment/pdfs/2Q02_Analyst_workshop.pdf（2002 年 9 月 4 日查阅）。

显而易见，在西南贝尔通信公司，全面成本控制是价值观，而将资金支出保持在 80 亿美元以下是首要任务。尽管美国铝公司没有具体地阐明，但看起来资本管理是公司最重要的目标之一。

公共档案中的前瞻性报告

战略性商业计划的另一个替代品是大多数美国证券交易委员会档案都使用的前瞻性报告，该报告主要描述公司的预期业绩，以及对未来可能出现的市场环境的预测，包括竞

识别并验证准确的实时信息

争者的战略和监管性行动。该报告经常使用下列这些词汇，如预计、相信、估计、预料、可能、计划、预言、应该等。前瞻性报告不仅使人们了解公司目前的首要任务，也向人们介绍了未来几个月或几年中会引起高度关注的有关市场和公司运作方面的信息。

一旦通过上述的某一方法确定了公司的首要任务，管理者就需要通过预测现在将其与自己试图取得的目标进行比较。例如，如果消费品股份有限公司的产品经理调到西南贝尔通信公司工作，他就需要将自己试图实现的目标与西南贝尔通信公司的公司价值观和首要任务进行对比。结果表明，追求收入增长是他个人的目标，而成本管理是公司的首要任务。因此，他将很可能无法获得实时监控货架空间的必要资源。因此，返回识别模型，不再监控收入，而是重新开始监控利润和支出可能对他最有帮助。

通过与公司首要任务对比来评估个人目标可能会导致冲突，因为每个管理者的最重要目标可能与公司的首要任务不一致。在这种情况下，根据获得实时信息所需的资源数量以及这些资源的控制人的不同，可能存在几种冲突处理方法。如果信息已经存在，就没问题了。如果获得信息需要大量的资源，那对于管理者（以及整个公司）来说，最好的办法是关注于远远没有实现但与公司首要任务相一致的目标。

重要性

如果实时信息支持的目标与公司的愿景、使命和首要任

第二章

务相一致，那么接下来需要检测的就是信息的重要性。根据美国财务会计准则委员会的解释，如果某一信息的出现会使一个理智的人作出的判断发生改变或受到影响，那么这个信息就是重要的。[4]

所有实时监控和报告的信息都必须在重要性方面进行评估，这意味着一个理智的人（在这里指管理者）会根据信息的变化而改变其决定或处理方法。很多人都听过那个有关混沌理论的著名比喻，即美国的大西洋飓风是因北京的蝴蝶扇动翅膀而引起的。由于识别模型要求实时监控的信息必须能够提供足够的应对时间，因此管理者往往会在原因—影响链上大幅后退以寻找原因。重要性就是这种趋势的一种有力的平衡手段。如果利用事件—影响链退回到像北京蝴蝶那么远，那么信息的重要性就存在问题。即使可以将飓风的产生事件归结为如此微弱的振动，那佛罗里达州的州长也不可能在中国的蝴蝶不耐烦时命令它们撤离。州长会在事件—影响链上退后足够远以挖掘事件的原因，并在采取行动前确定原因。其中的一个原因是在事件—影响链上退后得越远，事件的直接原因变得就越分散。但是，这些所谓的原因是否是真正的原因还有待讨论。

在确定了自己的目标与公司的愿景、使命和首要任务完全一致后，管理者需要提出这样的问题："这条信息——仅仅是这条信息——能促使我采取行动吗？"这个问题同样适用于修建和运行远程预警防线的军事策划家们。当他们发现有任何不明身份的飞机从北极驶向美国领空时，就会采取行

识别并验证准确的实时信息

动。但是,如果飞机是从墨西哥驶向美国,他们就不会采取类似的行动(策划家们需要等待进一步的确认信息)。因此,在墨西哥边境修筑远程预警防线就不会通过重要性测试。

你也许会奇怪,在评估需要实时监控信息的过程中,为什么重要性测试这么靠后。很多人可能认为重要性是评估监控对象的首要标准,但是我们的研究发现,当人们考虑了验证模型中前面的步骤后,他们对信息重要性的看法可能会有所不同。管理者在评估了信息与公司愿景、使命和当前首要任务的协同性后,会删除大量他们认为不具有现实性的信息。重要性测试步骤可以放在模型的前面,但只有在完成了其他测试后,重要性测试才会发挥最大效用。

成本验证

什么时候考虑成本问题?答案是直到现在才考虑。之所以有意地将成本问题放到现在才考虑有两个原因:(1)每个公司都有自己计算成本和收益的方法,尤其是那些需要信息技术资源的项目;(2)考虑那些没有通过全部测试的信息的监控成本毫无意义——如果信息没有通过测试,就不值得对其进行实时监控,无论成本高低。

那些坚持不懈地遵循模型的管理者应该让所有必需的信息进入成本验证过程。现在存在很多成本验证的方法,但本质上,它们都是将成本与收益进行比较。

第二章

对公司的影响

如果能一直严格遵循我们所提出的识别模型和验证模型,迄今为止可能已经产生了几个可转化为实时信息的备选对象。验证模型的最后一个步骤是为了确定几个剩下的备选对象的优先次序。极其简单,在这个阶段需要估量对公司的整体影响,并首先追求可能对公司产生最大影响的目标。这个阶段考虑的每条信息都与公司的首要任务相一致,因此剩下的问题就是管理者的哪个目标会对公司产生最大的影响。对于消费品股份有限公司的产品经理来说,问题可能是:"我的产品所创造的收入和利润占公司总收入和总利润的百分比是多少?"如果收入比利润重要,那么支持实现收入目标的信息就应被放在首位。同时我们也需要考虑未达成目标可能带来的消极影响。尤其是如果管理者负责的产品、人员或过程位于公司整体流程的上游,那些没有实现的目标可能对下游流程产生巨大的影响,因而需要强行规定一个首要任务。

在完成了识别和验证模型后,管理者会拥有一个包含几个衡量标准的清单,这些衡量标准需要实时监控,监控的先后次序也需要确定。通过使用识别模型确定该监控哪些信息,并通过验证模型确定这些信息是否值得监控后,有关信息将降低至5%,使得预测现在和实时机会探测得以实施。从现在开始,管理者可以开始致力于获取信息并在其业务中终结突发事件的工作了。

第二部分 现实世界的实时

HEADS UP

在本项目的研究过程中,我曾经采访过一位公司高管,他向我讲述了他所提出的一个新的管理理念,这个理念适用于具有许多不确定和不明确因素的情况。他说:"你可以去了解那些未知事件,但比别人作出更快的应对才是你真正需要做的。"与当今广泛流行的管理思想不同,许多公司的经历显示,企业进行有效管理的关键不是企业要拥有迅速应对的能力,而是要具有立刻识别变化出现的能力。

预测现在和实时机会探测在公司中的作用就相当于全球定位系统和雷达在海事及航空活动中的作用:它们是消除突发事件的必要手段。由于有了新的实时导航和航天电子系统,世界上最大的远洋轮船和最大的民用及货用飞机可以有保障地在零可视度的情况下穿越浓雾。

在第二部分,我们将注意力转向如何在现实世界中预测现在和进行实时机会探测,以使管理者做到高瞻远瞩,消除突发事件。在第三章,我们将介绍有关突发事件的案例。在这些案例中,管理者错失了机会,未能实时监控、捕捉或分析那些本可以对即将出现的问题提出警告的信息。在这一章,我们还将介绍如何利用识别模型和验证模型帮助我们揭示这些关键信息。在第四章中,我们所介绍的是被怀疑事件已经发生,正确信息已被监控,但却没有对其进行及时报告的公司,因此这些公司仍然在企业状况发生变化时受到了影响。需要强调的是,本部分的重点是实时机会探测如何能使

第二部分

公司避免灾难。第五章将介绍一些成功公司的案例,它们通过把正确的实时信息报告给恰当的人而克服了企业突发事件。这些案例证明,管理者通过预测现在和实时机会探测,能提早了解潜在的机会或灾难,并获得最后的成功。

第三章 突发事件：缺少警告

突发事件：没有被报告的事件，有时是没有被监控、捕捉或者分析的事件。

苏联解体10多年以后，国际恐怖分子成为人民的公敌。人们对于1994年2月24日逮捕奥尔德里奇·埃姆斯，并指控其犯有间谍罪所引起的震动已经逐渐淡忘。埃姆斯是中央情报局的高级官员，后来证实他曾经为苏联和俄罗斯从事间谍活动达9年之久。虽然我们可能永远无法知道埃姆斯究竟给美国中央情报局带来了多大的破坏，不过通过中央情报局负责人向国会所提交的由于埃姆斯的间谍行为而引起的部分后果清单便可略知一二：

➢ 至少有九个在苏联的美国秘密间谍惨遭不幸。
➢ 苏联人以及后来的俄罗斯人知道了很多美国间谍（来

第三章

自中央情报局以及其他机构)的身份。
- 曝光了美国间谍的活动技巧和方法以及美国反间谍活动的细节。
- 苏联人获知了美国的情报收集技术和情报分析技术。
- 情报报告、兵器控制文件、间谍所选择的国务院和国防部的电报被传送给他人。[1]

通过分析这个清单,有两个问题显现出来:(1)中央情报局怎么可以容忍间谍隐藏在情报局内长达9年之久?(2)中央情报局是否可以首先采取一些行动来阻止埃姆斯变成间谍?事实上,使得埃姆斯能够长期持续不断地为美国的敌人提供情报的最主要因素就是缺乏对埃姆斯的有关活动的监控、捕捉和分析(更不用说报告了)。

1967年,埃姆斯开始了他在中央情报局的职业生涯。接下来的17年间,他担任了各种各样的职务,并很少使自己引起其他人的注意。事实上,他曾多次受到上级的传唤,原因有过度饮酒,在垒球场上丢失证件,将装有敏感信息的公文包遗忘在通勤火车上,等等。也许最大的一件具有警告性质的事件发生在他在墨西哥城就职时,而这一事件并没有引起政府的注意。埃姆斯对哥伦比亚大使馆雇用的一位墨西哥妇女产生了好感。尽管埃姆斯已经结婚(他的妻子在美国),而且有明确的规定禁止这种关系,埃姆斯还是卷入了这段婚外情。虽然他的同事知道他的这段婚外情,也知道埃姆斯有必要向上级报告这件事情,

突发事件：缺少警告

但是没有人采取任何补救措施。埃姆斯在他的整个就职过程中都表现出了对于规定、程序以及安全防范措施的漠视。中央情报局没有捕捉到这些对于评估其工作人员很重要的信息；结果是埃姆斯获取了更多敏感的、外国政府愿意花钱购买的信息。1985年，埃姆斯重新回到美国，他离婚后又再婚，同时面临着巨额负债。正是在那时，他成了职业间谍以补充他的收入。[2]

中央情报局不仅忽略了埃姆斯在反间谍部门担任拥有重要责任的职位之前所显露出来的危险迹象，同时也没有对埃姆斯作为间谍期间的一些很明显的证据进行监控：

- 在1985年4月到1993年11月之间，埃姆斯花掉了1 397 300美元，尽管这期间他的全部工资收入仅为336 164美元。
- 他购买了一辆二手的美洲虎、一辆新的美洲虎以及一辆新的本田汽车。
- 他用现金购买了一套价值超过540 000美元的房子。
- 在没有告知中央情报局的情况下，他曾进行过几次豪华个人旅行，而这正违反了中央情报局的规定。
- 埃姆斯的上司也曾发现他将秘密文件储存在个人电脑中，这也违反了中央情报局的规定。[3]

即使是美国政府最低级别的安全审查也需要对类似问题（财务状况、国外旅行等等）进行披露，然而中央情报局竟

第三章

然没有对这样一个大大超过基本安全审查标准的人进行监控。

当中央情报局最终发现了埃姆斯的背叛时,唯一的办法就是监禁他;而有可能避免其他美国情报人员死亡以及保护美国情报安全的措施已无法发挥作用。在埃姆斯事件所产生的后果的报告中清楚地显示:如果中央情报局曾经对情报人员的财务状况进行实时的监控,那么灾难很容易就可以避免。

世界通信公司

埃姆斯间谍案在1994年2月间曾成为街谈巷议的国际新闻,而商界各种各样的欺诈和一些公司CEO的落马则成了2002年的主要新闻热点。美国历史上最大的破产事件,由公司高管的欺诈行为所引发的世界通信公司破产案,在各大报纸广为刊登。如果说奥尔德里奇·埃姆斯案件是由于中央情报局忽略对其雇员的重要信息进行监控或报告而引发的不必要的突发事件的话,那么世界通信和其他公司欺诈的案例是否也可以被认为是突发事件呢?它们是可以通过实时机会探测来预防的突发事件吗?也许是吧。让我们来详细地看看世界通信公司事件和其他案例发生的起因。

总的来讲,意料之外的不理想的季度或年度报表以及缺乏合法的应对方案引发了大多数的商业欺诈。但是,人们很少首先选择进行欺诈。正如世界通信公司的临时首席重组执行官格雷格·雷伯恩（Greg Rayburn）所说的，"如果当初有人走进斯科特·沙利文（Scott Sullivan）的办公室并建议他把几十亿美元从运营成本转移到资本支出的账目上来，他很有可能把他们哄出办公室。这时欺诈并不发生作用"。[4]雷伯恩提到，根据他的经验，"欺诈通常都是循序渐进的"。他指出，这通常始于当满足收入期望的巨大压力与令人失望的季度或年度业绩同时出现导致一名高管首次进行储备金（储备金是用于未来特殊预期费用的资金）的重新分配时。他们相信这些资金在未来可以补齐，因而不会对公司造成损害。（只要改变资金储备数量是在可以承受的允许范围内并且是公开的，这样的改变是完全合法的。）当令人失望的业绩不断地令公司高管们惊讶时，这便成了问题的关键。公司高管认为他们必须达到预期，但所有合法的应对方案都已用尽，因此他们开始耍一些小伎俩，这些小伎俩会逐渐变成大动作，即非法操纵公共账户从而达到他们的预期。

这就是欺诈在世界通信公司发生的过程。首先，分配给线路的成本降低了。当业绩连续几个季度低于预期时，根据一般会计原则应被记入运营成本的线路费用被转移到了资本性支出账户，以便改变世界通信公司的财务报告结果（见图3-1）。[5]

第三章

图 3-1

世界通信公司 2000—2002 年报告的财务结果与实际的财务结果比较图。

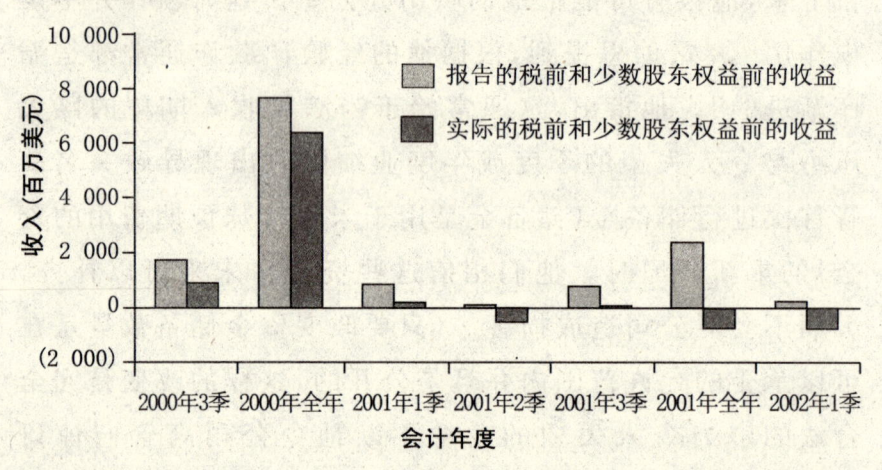

资料来源：*Securities and Exchange Commission, Plaintiff*, v. *WorldCom, Inc., Defendant*. United States District Court, Southern District of New York. Civ. No. 02-cv-4963(JSR). 引自：http://www.sec.gov/litigation/complaints/comp17829.htm（2003 年 2 月 17 日查阅）。

在这个讨论中，盈余预期扮演了重要的角色，沿着雷伯恩叙述的路线看，欺诈是与不惜任何代价达到预期目标这一信念相关联的，尽管实时机会探测对这个信念没有影响，但它会对以下两个方面产生深远的影响：(1) 最初设定的期望值；(2) 用于确保实现期望的可用的应对措施备选方案。在讲述其他内容之前，我们首先需要简单地讨论一下市场平均盈余预期（Consensus Earnings Estimates）在当今上市公司中的角色。

市场平均盈余预期

　　当一家公司决定通过出售股份在股票市场募集资本时，它不仅要做好所有的准备以满足规章制度的要求，同时要雇用一个（或几个）投资银行作为代理在金融市场上进行交易。投资银行或其他银行的分析师们往往通过公布一份报告来说明公司前景及其他方面的情况。最为重要的是，报告中要说明分析师们对公司预计的未来收入和盈余的意见，以协助公司发行股票。如果股票被频繁交易，则会有来自更多公司的分析师们来公布他们的评估报告。这些报告将受到公司管理层的预期和分析师在当前市场状况下对公司预期所持有的信心的巨大影响。这些研究报告共同决定一家公司的市场平均盈余预期。

　　一家公司的市场平均盈余预期对于其在金融市场中的地位有多么重要的影响呢？让我们看一下美国家居用品零售巨头威廉姆斯—索诺玛（Williams-Sonoma）公司的案例。该公司在2002年3月11日公布了2001年度的财务报告。报告显示，稀释后每股收益为1.20美元，这与证券分析师们估计的稀释后每股收益1.21美元相差1美分。尽管公司公布收益报告当天市场环境很有利，然而3月11日收盘时威廉姆斯—索诺玛公司的股票市值损失却超过了1.5亿美元（见表3-1）。虽然该公司2001年第4季度与2000年第4季度的同比分析报告指出，销售收入净额增长了17%，净利润增长

第三章

了58%,稀释后的每股盈余增长了52%,但是这些对于市场投资者没有任何意义。由于每股收益比市场平均预期少1美分,公司市值在该日的损失相当于其2001年收入的19%。

当然,这只是未达到证券分析师们的市场平均盈余预期所造成影响的一个例子。但是这也说明了为什么很多公司在未能达到分析师的收入预测时会多年业绩平平,无法翻身。正如1998年证券交易委员会前任主席所慨叹的那样,"虽然这不是什么新问题,但是由于市场无法忍受公司未实现预期目标,这个问题在不断加重。我最近读到一家美国大公司由于差1美分而没有达到他们所谓的预期,导致其股票价值在一天之内便损失了6%以上"。[6]这个问题看起来越来越糟糕了。

表3-1 错估盈余期望1美分后,威廉姆斯—索诺玛公司股票价格的下降情况

指数(或股票)	2002年3月8日	2002年3月11日
美国道琼斯工业指数	10572.49,上涨47.12	10611.24,上涨38.35
美国纳斯达克综合股价指数	1926.67,上涨45.04	1929.49,上涨2.82
标准普尔500指数	1164.31,上涨6.77	1168.28,上涨3.95
威廉姆斯—索诺玛公司股票价格	49.04美元,下跌0.58美元	46.40美元,下跌2.64美元

改变游戏

实时机会探测会影响到:(1)设定的盈余预期;(2)为了确保达到盈余预期所采取的应对措施备选方案,从而减少管理层报告未达到赢利预期的不利消息的次数。对于许多高管来说,最初采取欺诈的小动作是由于盈余预期的市场力量

突发事件：缺少警告

与实际发生的令人惊讶的结果二者共同所致。在季度结束之前，他们不知道最终的结果会是如何，因为对于构成结果的各个因素的实时监控、捕捉和分析还没有发生。但当他们知道结果时，任何应对措施都为时已晚。

世界通信公司在它的全盛时期是一支成长的股票，它的价值依赖于其稳定增长的营业收入。这种增长对于公司是至关重要的，因为它的战略是将升值的股票作为通货收购其他公司，以促使公司进一步增加收入。公司 CEO 伯纳德·埃伯斯（Bernard Ebbers）在与股东和投资界讨论的整个过程中都会强调收入和股票价格会增长。例如，2000 年 1 月份，他提到："1989 年投资于 MCI 世界通信的 100 美元，今天的价值为 7 240 美元。"[7] 然而，虽然世界通信公司将收入的增长视为首要任务，但它却并未关注它的客户，也没有监控到由于经济环境变化而导致的需求下降的信号。所以，当收入开始下滑时，高管们都大为吃惊，公司也就陷入了欺诈。对于一个如此关注于增长的公司来说，走上这样的道路实在太容易了。

世界通信公司的经历对于那些任职于高增长公司，承受着要达到收入预期的巨大压力的管理者来说是一个教训（因为公司股票的感知价值在很大程度上是与人们对其不断成长的信心密切相关的）。增长型的公司一定要开始评估如何实时监控收入，这可以通过回答识别模型中的前两个问题（目标和首要任务）来完成。

我们来看一下许多领导层眼中的实时演变模型（见图 3-2）。这个模型展示了收入下降的突发事件。在这个事件

第三章

中，有关收入的信息没有被实时地监控、捕捉并分析，而只是与突发事件所形成的影响同时报告，以致任何用以弥补收入差额或改变结果的应对措施备选方案都为时已晚。如果收入达不到目标这个事件被实时监控和报告，那么管理层就会有很多备选方案（例如推出新产品、销售促进和激励、打折）来扭转这种下降趋势。这样，除了只是在季度末宣告收入目标没有达到外，管理层还有很多选择，迫使他们走向欺诈的诱因也就不会出现，因为即使不利的趋势不断加强，管理层也有能力达到目标。

图 3-2

如果没有实时捕捉到收入下降的信号，便不可能制定有价值的应对措施备选方案，这时管理层只能采取那些可能导致欺诈的不良行为。

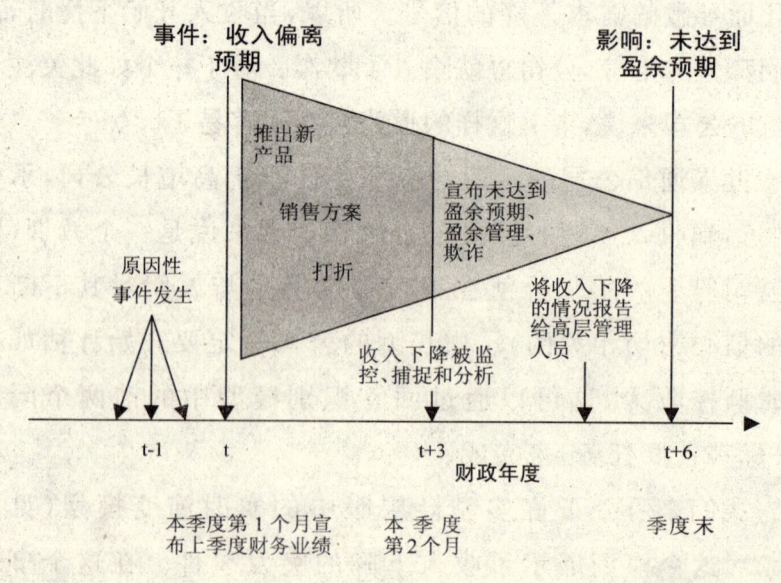

从广义上讲,图3-2也阐明了报告的时间结构。根据证券交易委员会的规定,公司在一个季度结束后的30天内需要报告本季度的财务业绩;这也正是管理层发布下个季度工作指导方针的时间。如果能够实时监控、捕捉和分析正确的信息,管理层就已经掌握了本季度1/3的结果,这些信息会使他们为本季度最终的结果提供更加精确的指导。这样就可以创造一个良性循环,实时发现机会,管理层实现预期的能力也会加强。预期一旦实现,那么管理层提出的预期的可信度就会提高,分析师们会更加信任管理层所设定的预期,从而分析师设定的市场平均盈余预期将与管理层的指导方针更加接近。坚持使用实时机会探测,管理层就更有能力实现更加精确的收益预期,从而使得管理层的可信度得到进一步提高。

因此,虽然实时机会探测不能够确保没有欺诈出现,但是随着与收入相关的突发事件的减少,欺诈行为出现的可能性也会减少。采用实时机会探测的公司与竞争对手相比可以获得重要的市场价值优势,因为市场会对公司持续实现预期的能力予以回报。

俄亥俄州保健金融公司

不管实时机会探测可以提供什么帮助,总是会有管理者为了实现其个人目的而做出违法行为。他们实施欺诈所造成的后果不仅影响到他们自己及其公司,同时损失和负债也将影响所有的公司合伙人和客户。虽然实时机会探测不能

第三章

够阻止每一宗欺诈事件，但是了解到一个重要合作伙伴或者供应商从事犯罪活动可以减轻突发事件对于公司的影响。

让我们看一下俄亥俄州保健金融公司（NCFE）在2002年和2003年的经历。在2002年11月根据美国破产法第11章申请破产重组前，俄亥俄州保健金融公司曾是为小型的保健品供应商提供营运资金的最大供应商之一。俄亥俄州保健金融公司在获取一定折扣的条件下，从那些需要现金来维持日常运作，而又无法等待保险公司和医疗保险公司需要几周或常常是几个月才支付赔偿金的保健品供应商那里购买一些应收账款。俄亥俄州保健金融公司反过来也会将这些应收账款作为抵押资产取得债券贷款，只要保险公司付款就马上偿还债券贷款。这些抵押债券贷款是由银行担保的，如瑞士信贷第一波士顿（Credit Suisse First Boston）、美一银行（Bank One）和摩根大通公司（J. P. Morgan Chase）。在债券合同中，这些银行要求俄亥俄州保健金融公司必须时刻拥有一定数量的可用于偿还债券的现金。

这些年来，俄亥俄州保健金融公司已经发行了价值数十亿美元的债券；然而，早在1999年，财务问题就开始在这个公司出现。联邦调查局和证券交易委员会的调查仍在继续，但是该公司的管理者似乎已经将资金非法转入与他们有利害关系的保健品供应商那里。结果，俄亥俄州保健金融公司开始出现现金危机，内部备忘文件显示其库存现金与目前应付债券金额之间的缺口越来越大。在1999年11月，这个缺口已经超过了1亿美元。即便如此，该公司在1999年到

突发事件：缺少警告

2002年期间仍成功地发行了20亿新债券。

　　一个连满足银行合约所需资金都不够的公司,用什么去支持再次发行的这么多债券呢?非常简单,这个公司开始将现金从一个账户转入另一个账户,甚至每天都这样做,所以当银行根据合约进行对账时,表面上是符合要求的。[8]这样的事情之所以发生完全是因为银行只是定期对账户进行监控,而不是实时监控。对于账户的实时监控可以使得支持俄亥俄州保健金融公司的银行很容易就发现资金的转移,从而决定将俄亥俄州保健金融公司从其债券服务的顾客群中剔除出去。

　　而瑞士信贷第一波士顿、美一银行和摩根大通公司由于为俄亥俄州保健金融公司做担保,现在正受到很多购买俄亥俄州保健金融公司债券的投资者的控告。[9]这个诉讼对于担保银行与俄亥俄州保健金融公司之间的合作方式提出了一个难题。正如证券法教授约翰·科菲（John Coffee）所说的（受到水门事件的启发）,"瑞士信贷第一波士顿知道些什么?又是何时知道的呢?"[10]即使最后裁定这些银行没有责任,这个结果对于一个已经受到安然公司股票丑闻困扰的行业来说,仍然是极其尴尬的。而且这种对名誉的损害也会影响到公司未来的生意。这些银行的资产抵押证券部门在市场上寻找债券出售公司的合作伙伴的能力,很大程度上依赖于它们在市场上的信誉度。[11]这些银行现在陷入了一个困境,如果它们知道俄亥俄州保健金融公司的情况而没有采取任何措施,那它们将受到法律的惩罚;如果它们不了解情况,它们就会

93

第三章

被视为玩忽职守。后来,一个债券评级的权威公司穆迪(Moody's)投资服务公司澄清说,他们的评估显示,瑞士信贷第一波士顿和其他银行是对准备金账户进行监控的。[12] 据此,俄亥俄州保健金融公司(或其他客户)的银行账户的状况是肯定要接受识别模型和验证模型检验的。产生收入是一个头等重要的目标,产生收入的能力依赖于信用,而信用又依赖于现行债券的可靠性。这便是一个关于收入的因果联系,这将提供足够的应对时间,从而从开始就避免与存在潜在风险的公司有关联或者至少可以首先揭发违法行为,以便证明自身的可信性。

当然,利用识别模型和验证模型进行监控并不意味着要求有人全天24小时对账户情况进行监控。正如飞行员使用的防撞系统(TCAS, Traffic Alert and Collision Avoidance System)不要求飞行员持续监控领空周围的环境一样,只需要使用一个简单的自动预警系统,在账户出现异常时及时向管理者报告。

除非我们认为现行的流程是在实时监控无法实现时建立起来的,否则我们很难理解为什么大的银行没有采用此类实时监控(毕竟现在我们个人都可以实时监控我们的银行账户)。在很多案例中,事件的发生与对事件的监控、捕捉以及报告之间的时间差似乎主要由于未能对原有的流程和商业实践方式进行更新和改进而造成的。原有的流程和实践方式是由当时的技术条件所决定的,但是并没有随着技术的进步而进行修正,从而使得报告的结果往往没有意义,而且与

突发事件：缺少警告

事件本身相去甚远。俄亥俄州保健金融公司这个案子的结果就是突发事件的一个典型案例，银行本来可以很容易地通过实时监控得到信息，但是它们没有；这使得债券交易者们也许需要几年的时间才能消除掉因俄亥俄州保健金融公司的拖欠行为所导致的怀疑情绪。

然而，只是实时地监控信息是不够的。俄亥俄州保健金融公司的处境如此有趣的一个原因就是金融业每天要实时监控、捕捉、分析并报告成千上万种类别的信息。仅有信息的监控、捕捉和分析并不能确保成功；正如识别模型和俄亥俄州保健金融公司的案例所揭示的那样，要想避免突发事件就必须监控正确的信息。当然，并不是只有金融业容易错失正确的信息。

商业航空业

自2001年9月以来，航空业总是传来一些令人痛心的消息。美国两大航空公司申请破产，而且几家国际航空公司同时停止运营。航空业宣布的损失达到了几百亿美元。成千上万的乘务员、飞行员及其他人员无限期地放假。很多人认为，9·11事件对于航空旅行的影响导致了这一行业灾难。但是事实上，早在恐怖袭击发生之前，问题就已出现。许多问题是不良决策所导致的结果，这些不良决策在某种程度上是由于缺少实时信息而导致的。也许这看似很奇怪，因为航空公司的监控器会监控堆积如山的实时信息：机票销售情况、乘客登机人数、载运行李数量、飞行状况、登机口、登机时间

第三章

以及很多其他信息。然而,航空业仍然是突发事件的受害者,因为它没有实时监控正确的信息,也就是说没有监控通过识别模型确定的信息。

追踪航空业是否健康运营的一个主要方法就是利用名为收益乘客里程(revenue passenger miles)的统计指标。所谓的收益乘客里程是指公司每个付费乘客飞行的里程数(这不包含那些奖励常客的机票)。从1996年初到2001年第2个季度,这个指标稳定上升,每季度的增幅通常在1%到3%之间(见图3-3)。虽然持续的赢利对于航空业来说通常是很困难获得的,但很多航空公司在1999年都宣布了创纪录的收入与营业利润。2000年是困难的一年,因为每条主要航线都需要与一些主要的工会(飞行员工会、乘务员工会和机械师工会)就新的合同进行磋商。然而,收益乘客里程仍在上升。在这种情况下,联合航空公司(United Airlines)于2000年8月签署了所谓的"迄今为止最昂贵的飞行员合同",飞行员的工资上涨了30%多;[13]后来该公司又与机械师工会签署了合同。据估计,这两个合同使得每年的成本上升了10亿美元。[14]在2001年春天,三角洲航空公司(Delta Airlines)与飞行员签署了一个新的合同,这个合同比联合航空公司所签署的合同更甚。合同规定,到2005年工资会增加63%,估计这将花费三角洲航空公司24亿美元。[15]通过这些数字我们发现,人员成本大约占了航空公司支出的1/3。毫无疑问,这样的合同只有在预期收入增加的情况下才会签署。航空公司预期的另一个指标是它们向波音公司的商用飞机部门预订了 600 多架新飞机,这已经超过了波音公司的预期。[16]

图 3-3

在航空业收益乘客里程连续多年上涨后,终于在 2001 年开始大幅下降。

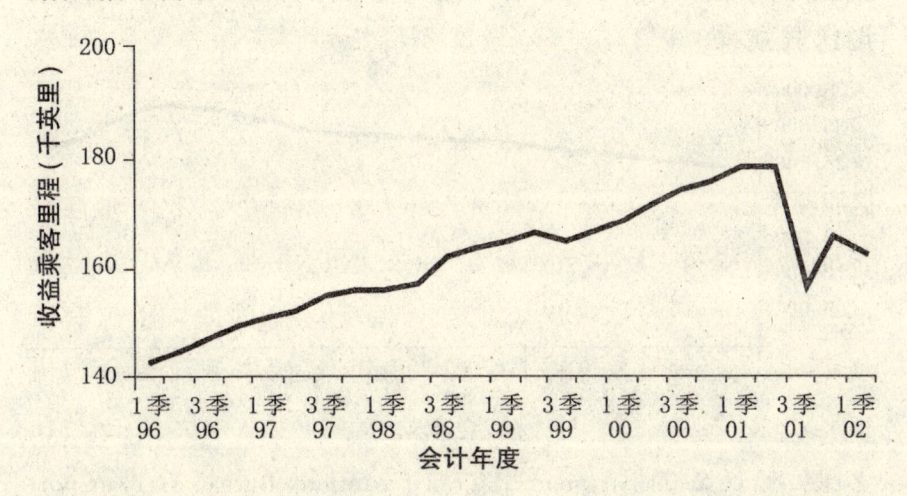

资料来源:U. S. Department of Transportation, Bureau of Transportation Statistics, "Air Traffic Statistics and Airline Financial Statistics," http://www. bts. gov/oai/indicators/sysopfinan. html (2002 年 11 月 12 日查阅).

鉴于当时航空业的整体发展状况,这些做法都是合理的。航空公司的高管和经理们又如何能够预料到 2001 年 9·11 事件那令人沮丧的影响呢?乘客数量骤减在当时是无法预料的。虽然屡次受到工人罢工的影响,但是直到 2001 年第 1 季度,整个行业的营业收入仍然保持增势(见图 3-4)。尽管航空业对机票的销售收入以及很多其他经营指标

第三章

进行了实时追踪,然而它无法预测到即将到来的骤变。或许,它可以?

图 3-4

航空业的营业收入早在 9·11 恐怖袭击前,即 2001 年第 1 季度达到顶峰。

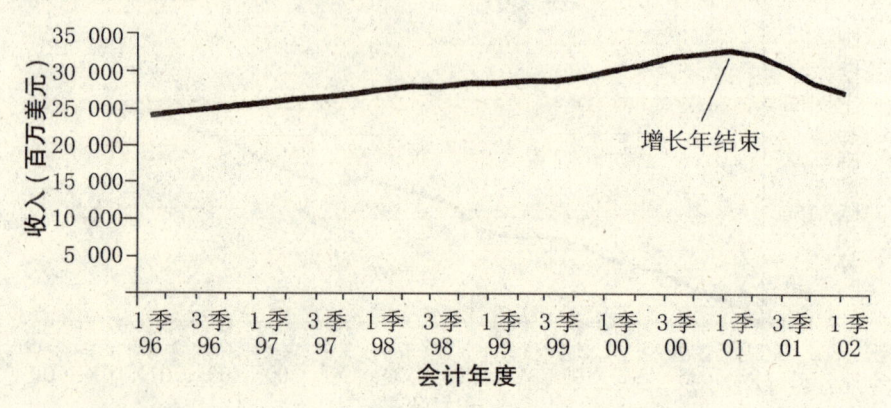

资料来源:U.S. Department of Transportation, Bureau of Transportation Statistics, "System Operating Financials," http://www.bts.gov/oai/indicators/sysopfinan.html(2002 年 11 月 12 日查阅).

  航空业的例子阐明了通过反复应用识别模型以寻找需要监控的信息的重要性,监控这些信息将为未来可能产生的影响提供足够的预警,以便人们作出有效应对。由于类似劳工合同、飞机购买(这些资金是分期筹措和分期支付的)和飞机燃料(燃料经常提前购买以防油价的波动)这些因素,使得航空公司的大部分支出都是长期固定的。很多行业都对全部的运营收入进行了实时追踪,而航空业的经营也是如此。这样做使得它们拥有充分的事件—影响时滞,以便采取有效

突发事件：缺少警告

的应对措施。然而，由于其固定成本的存在，实时运营收入信息并没有为航空业提供足够的预警。当确定运营收入下降时，成本的上升已经无法避免了。

根据识别模型的指示，当应对措施备选方案与事件—影响时滞冲突时，应寻找导致该事件的原因性事件。在寻找运营收入的原因性事件时，我们发现了其他实时监控的备选对象。大型航空公司的运营收入的最大组成部分是商务旅行。任何购买过那种提前三天预订，而且无偿退换的机票的人都知道，他们经常可以发现旁边的旅客比自己所支付的票价低75%（尤其令人沮丧的状况是他们坐在靠近过道的位置，而你却坐在中间）。由于很多商务旅行安排都是临时确定的，因此只是简单地追踪商务旅行无法显著地增加事件—影响时滞。根据识别模型，我们应退到上一步骤，寻找对商务旅行有重大影响的事件。

很明显，决定商务旅行数量的最大因素是整个国家的经济状况。同时，我们知道，20世纪90年代末推动经济增长的主要动力是在IT上的支出。在图3-5中，我们可以看到从2000年春开始，在信息技术上的支出开始减少。虽然这种下降只比航空业营业收入下降早一年出现，但这一关键问题仍是发生在航空公司签订新的劳工合同和大量采购新飞机之前。经济对航空公司的影响毋庸置疑，三角洲航空公司的CEO利奥·马林（Leo Mullin）澄清道："我们行业所面临的一个不幸的事实是，由于商务旅行支出在公司降低成本的过程中首当其冲，因此与其他行业相比，航空公司经受了更加沉

第三章

重的收入下降的打击。"[17]

图 3-5

在2000年第2个季度,新的劳工合同签订之前IT支出达到顶峰。

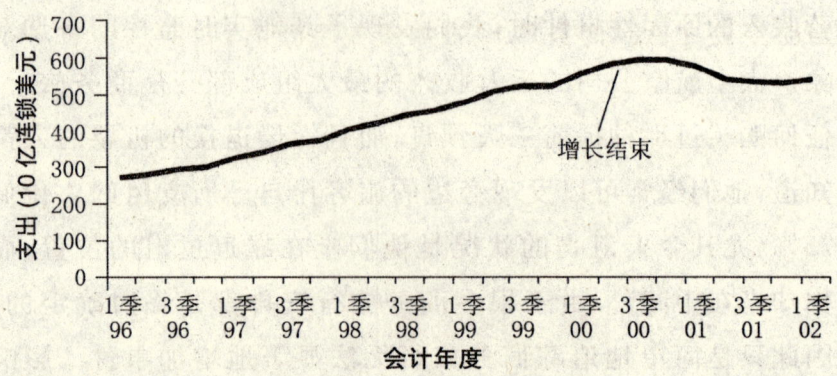

```
700
600
500                        增长结束
400
300
200
100
  0
   1季 3季 1季 3季 1季 3季 1季 3季 1季 3季 1季 3季 1季
   96  96  97  97  98  98  99  99  00  00  01  01  02
                        会计年度
```
支出(10亿连锁美元)

资料来源:Bureau of Economic Analysis, U. S. Department of Commerce, "Real Private Fixed Investment by Type," National Income and Products Accounts, 30 May 2003, http://www.bea.gov/bea/dn/nipaweb/TableViewFixed.asp#Mid(2003年6月10日查阅).

为了对航空公司做到公平合理,我们必须指出,有关IT支出的数字并没有实时地公布,人们直到几个季度后才知道了这些数字。然而,航空公司所掌握的信息可以使它们比其他行业更早地发现IT支出的降低。根据三角洲航空公司的经济学家埃里克·阿默尔(Eric Amel)的说法,航空公司应该追踪的一个重要指标是每个公司出差旅行的情况。对商务乘客旅行活动的追踪,可以使航空公司为经常乘坐其航班的乘客提供折扣和其他一些安排。然而,虽然三角洲航空公司进行了这样的追踪,但他们并没有将追踪单个公司账户转变为追踪单个行业(使用标准行业编码或北美行业分类体系编码)账户,从而获得整体信息。[18]

图 3-6

当航空业注意到商务旅行的数量在下降时,它们已经位于高固定成本之中。

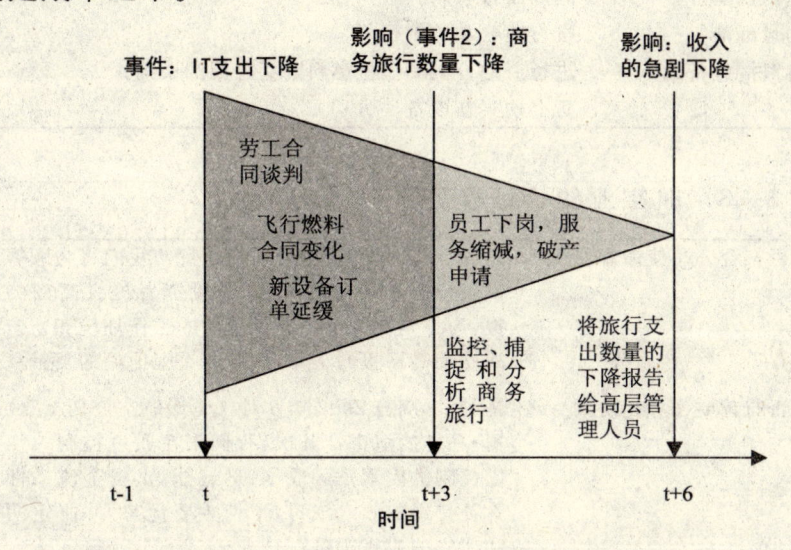

事件:IT支出下降　　影响(事件2):商务旅行数量下降　　影响:收入的急剧下降

劳工合同谈判
飞行燃料合同变化
新设备订单延缓

员工下岗,服务缩减,破产申请
监控、捕捉和分析商务旅行

将旅行支出数量的下降报告给高层管理人员

t-1　　t　　　t+3　　　　t+6
时间

　　如果三角洲航空公司追踪的乘客信息是根据不同行业或者美国劳工部制定的行业编码来划分,那么他们就有可能发现IT公司和IT人员在旅行方面的需求下降的趋势,而且也可以预测那个行业的当前发展状况。继而,航空公司也可以得出关于整个经济状况和未来商务旅行前景的结论,从而避开它们遇到的突发事件(见图3-6)。尽管实时机会探测无法帮助航空公司彻底防范由恐怖袭击而引起的乘客数量

第三章

下跌,它却可以使航空公司避免在袭击发生时承受过大的开支压力(见表3-2和3-3)。由于过高的经费开支,航空业已处于发展的极限,而这次袭击使得航空业滑向了灾难的边缘。

表3-2 航空业的识别模型

首要目标	营业利润
原因性事件	商业旅行收入、经济状况
衡量标准	按行业分类的旅行
应对措施备选方案	进行劳动合同和飞机燃料购买合同的谈判;延迟购买新设备

表3-3 航空业的验证模型

是否符合公司使命和愿景	是的。(三角洲航空公司的愿景:"我们将为顾客提供高价值和独特的产品,为投资者提供高额的回报,为三角洲的员工提供优秀的工作环境和富有挑战性和高回报的工作,尊重并重视他们的贡献。")
是否与首要任务相协同	是的。(摘自2002年6月三角洲航空公司CEO利奥·马林的演讲:"其次,我们正在通过控制一切可以控制的因素——成本、运载能力、资金流动性来弥补持续的收入缺口,平衡主要优势,并制定明智和严格的投资决策"。)
重要性	为了应对2001年至2002年间的突发事件,三角洲航空公司彻底改变了其飞机燃油的采购方式,并缩减了11%运力。
对公司的影响	人员成本占航空业成本的1/3。

结束突发事件

前面讲述的金融业和航空业的例子指出了为了结束突发事件我们所需采取的行动。结束突发事件取决于确定正确的监控信息并建立相应的过程和程序来监控、捕捉和分析这些信息所显示的变化。毫无疑问,航空业和金融业监控的信息量比其他行业的总和还多,但它们仍然是突发事件的受害者。虽然实时信息的案例是相对简单的,但是这些案例清晰地显示了只是获得实时信息是不够的;监控正确的信息才是结束突发事件的唯一出路。

第四章　被怀疑事件：
　　　　汇报太迟

　　被怀疑事件：该类事件能够得到监控、捕捉和分析，但却因为汇报太迟而来不及对其采取有效的行动。

回想一下亨利·沃兹沃思·朗费罗（Henry Wadsworth Longfellow）的著名诗歌"保罗·里维尔骑马来（Paul Revere's Ride）"。现在我们将其中的情景略微改动一下，里维尔对英军在波士顿的一举一动进行了实时的监控、捕捉与分析，但是当他收到了这些实时信息后并没有立即采取行动，而是花费了大量时间去装备马匹。如果当时的情景是这样的话，那么当里维尔到达米德尔塞克斯郡（Middlesex County）的时候，英军逼近的警报对于当地居民来讲也就太迟了。或者假设里维尔早上只是把一封告之镇上居民敌人即将进犯的警告信钉在镇上教堂的门上，而不是用大声呼叫的方式警告镇上居民，那么结果也会大不一样。很明显，这些设想看起来

第四章

好像有些荒谬,但是现实中确实发生过类似的事情。另一个叫威廉·道斯(William Dawes)的骑兵也收到同样的消息,并与里维尔同时从波士顿出发,但是他传达的信息却没有引发像康科德(Concord)和列克星敦(Lexington)这两场战役这样具有轰动的影响。为什么会这样?因为他没有把信息报告给适当的人。[1]

上面里维尔的假设情景和道斯的真实经历在今天的一些企业中同样可以看到:即使企业已经有能力去监控、捕捉、分析这些正确的实时信息,但它们没有及时地报告。这些企业虽然实时追踪到了关键的商业信息,但是仍然为丧失机会而付出了代价,或者遇到了一些没有想到的问题。

确定需要实时监控、捕捉和分析哪些信息只是正确决策的起点。实时信息还必须报告给相应的部门,同时也要及时汇报,以便采取适当、有效的应对措施。如果没有及时汇报并采取有效的应对措施的话,对非常关键的商业信息的监控也就没有任何意义了。

也许是保密的原因,很少有人知道远程预警防线。在上个世纪50年代初期,远程预警航线的竣工还是一个奇迹,但是到了60年代中期的时候它便没有什么作用了。核武器的运输已经从空运炸弹发展到洲际导弹运输弹头了。虽然远程预警防线能够探测到穿过北极的导弹,并能够立刻报告导弹的轨迹,但由于导弹速度特别快,还是来不及采取相应的应对措施。这样,即使通过远程预警防线侦查到目标瞄准华盛顿特区的导弹,也不可能有充分的时间发出警告并获得总统的批准进行反击。因此,装配雷达的远程预警防线不得不被一种全方位卫星网络系统所取代,这种卫星网络系统能即时探测到苏联境内任何地方发射的导弹。虽然应对措施只局限于一个选择,即发动反击,但这个选择毕竟还是会对导弹的发射产生遏制作用。

2002年最大的一桩公司丑闻案主要就是因为没有及时报告从而不能采取有效的应对措施而引发的。安然丑闻事件中广为流传的逸事之一是安然会计师谢伦·沃特金斯(Sherron Watkins)给CEO肯·莱(Ken Lay)的那份匿名备忘录——当时,肯·莱在安然公司前董事长兼CEO杰夫·斯基林(Jeff Skilling)由于"个人原因"辞职后又担负起CEO的职责。在备忘录里,谢伦·沃特金斯把那些她认为存在高财务风险的交易报告给肯·莱。她认为,安然采用与一些不需要和它自己公司编制合并会计报表的特殊目的实体进行对冲交易的办法,除了能提高安然公司对外公布的业绩状况外,并不能避免风险。[2]凭着这个备忘录和她对于法院审计调查所给予的协助,沃特金斯成了《时代》周刊年度人物榜中的一员,但是从采取应对措施的角度来说,这些问题披露得实在是太迟了,以致无法在不裁掉几十万的员工或者停发他们退休金的情况下停止或肃清公司的这些有欺骗性质的财务交易。在许多商业突发事件里,这是个屡见不鲜的问题。由于没有及时获得必要的信息,管理者无力采取任何行动以防止问题的产生。上世纪90年代末期,波音公司的经历就是一个这样的例子。

第四章

波音公司

像航空领域的大多数公司一样,波音在上世纪 90 年代中期也经历着磨难。商用飞机的销售收入从 1993 年的 250 亿美元下滑到 1994 年的不足 200 亿美元,1995 年更是跌至 175 亿美元。波音公司在 1995 年向证券交易委员会提交的年度财务报告中声明:

> 过去两年公司销售业绩的下滑主要是由于经济环境和全球主要航空市场的运力过剩导致商用喷气式飞机交付量的减少造成的。另外,在 1995 年第 4 季度,国际机械师和航空航天工作人员协会(IAMAW)发动了为期 10 周的罢工,这次罢工事件导致 30 架喷气式飞机延迟交付,使得公司当年销售收入大约减少了 20 亿美元。[3]

从 1993 年到 1995 年,商用喷气式飞机的交付总数从 330 架降至 206 架(见表 4-1)。

表 4-1 波音公司各型号飞机交付量(1993—1995 年)

	1993 年	1994 年	1995 年
737	152	121	89
747	56	40	25
757	71	69	43
767	51	40	36
777	—	—	13
总计	330	270	206

资料来源:波音公司 1995 年度财务报告,http://www.sec.gov/Archives/edgar/data/12927/0000012927-96-000003.txt(2002 年 12 月 28 日查阅)。

被怀疑事件：汇报太迟

虽然1995年的飞机交付量跌至谷底，但从那一年看，前景似乎正在好转。随着经济复苏，以亚洲的航空公司为首，航空公司为了更换老化的飞机开始订购新飞机。[4] 1996年，表面上看，波音公司面临一个令人羡慕的形势：飞机订单量增长非常快，以致资源出现了缺口。截至1997年底，在波音公司和竞争对手麦道公司合并4个月以后，新订单（两个公司）达到了504架飞机，而且交付了374架（见表4-2）。

表4-2 波音公司各型号飞机交付量（1995—1997年）

	1995年	1996年	1997年
737	89	76	135
747	25	26	39
757	43	42	46
767	36	42	41
777	13	32	59
MD-80	—	12	16
MD-90	—	24	26
MD-11	—	15	12
总计	206	269	374

资料来源：波音公司1997年度财务报告，http://www.boeing.com/company/offices/financial/finreports/annual/97annualreport/commerici.htm(2002年12月28日查阅)。

鉴于订单量不断增加，波音公司1997年第3季度财务报告似乎能创纪录了。然而，波音公司当期并没有报告销售收入和利润，而是报告了公司自创立以来最严重的亏损：

第四章

　　第 3 季度税前利润大约减少了 16 亿美元,而税后利润大约减少了 10 亿美元,这是因为 7 个系列的商用飞机项目的产量快速增加,造成了生产的无序、反常和产品的延期交付,这些又会使得成本上升、效率下降,从而导致了财务压力。[5]

波音公司除了在第 3 季度付出 16 亿美元的税前利润代价外,在接下来的 4 个季度里,公司的税前利润估计还要降低 10 亿美元。

　　尽管波音公司的这个令人吃惊的事件和制造喷气式飞机的过程一样复杂,然而最后我们还是又一次看到因为没有掌握实时信息而带来的管理挑战。在 2001 年的一次访谈中,波音公司 CEO 菲尔·康迪特(Phil Condit)评价了当公司碰到难以进行决策的问题时信息的重要性:"我会(为作决策)焦虑吗?不会。因为这些决策是靠知识作出的。如果我只是盲目地作出决策,我确实会焦虑。"[6] 在 1996 至 1997 年间,波音公司高层决策者是在依靠知识制定决策,但他们仅仅是依靠过去的知识;当然他们也进行了一些现状预测,但是根据结果来看,这并不比盲目制定决策好多少。与 2000 年航空业的情况不同,引起波音公司出现问题的原因不是公司没有实时监控正确的信息,而是没有把这些关于零件短缺和生产问题的信息及时报告给高层管理者。等高层管理者知道的时候,已经没有时间作出应对,只能关闭几条生产线,从而给公司利润带来了很大影响。

被怀疑事件：汇报太迟

波音公司发生了什么？

制造飞机在今天的确是最复杂的制造任务之一。每一架飞机都要由经过严格培训的机械师和技术人员按一定的顺序将数以万计的零件精确地组装起来。据波音商用飞机集团（Boeing Commercial Airplane Group）总裁罗恩·伍达德（Ron Woodard）说，在飞机装配过程中，无序组装所花费的成本要比按正常顺序组装多出五倍。[7]所以，从控制成本的角度来说，在适当的时候选取适当的零件进行适当的组装至关重要。当制造的飞机相对少些的时候，例如1995年，这对波音来说并不是一个问题。然而，当新订单滚滚而来的时候，公司尝试去把每月新飞机交付量从不足20架提高到超过40架时，问题便出现了。[8]

在过去，波音公司也曾遇到过类似因产量飞速提高而带来的一些问题。上个世纪80年代，几乎是同样的情况下，波音公司在提高生产能力上陷入了困境。按照伍达德的说法，"因为我们太保守而失去了机会"。波音公司意识到，90年代的业绩下滑是标准商业周期（standard business cycle）的一部分，而且和80年代一样，业绩最终肯定会回升，因而公司采取了大量的措施防止在将来因为要提高交付量而再出现类似的问题导致公司失去机会。例如，波音做出了一个令外界瞩目的举措，它减少了供应商的数量——供应商几乎被砍掉了一半——希望以此来提高订单管理和库存管理的效率。[9]另外，波音公司推出了一个新的联合零部件管理系统，即飞机构型定义控制系统

111

第四章

(DCAC, Define and Control Airplane Configuration)。这个系统花费了将近10亿美元，不过公司认为在两年内便能收回成本，因为利用这个系统可以最大程度地减少零部件短缺和无序工作，从而大幅节省生产飞机的时间。[10]

然而实际情况却是，波音公司所采取的降低成本和提高生产效率的措施产生了相反的效果。该系统软件有很多让人迷惑的问题，而且系统软件也造成了更多的错误，从而没能节省成本。据《商业周刊》(Business Week)报道，尽管内部审计员苏珊·帕克(Susan Parker)在1997年3月所作的报告中说："没有一个人〔波音威奇塔(Wichita)组装工厂的经理们〕会签名认可飞机构型定义控制系统能带来预期的成本节约，但所估计出的成本节约额仍然被写在商业计划书的结论中，并提交给高层管理者。"[11]除此之外，波音飞机的需求订单迅速增加不可避免地会使其对零部件的需求大大增加，而很多供应商却满足不了这些迅速增加的需求。当通过对供应商进行合理化改革而大大简化订单管理时，波音公司低估了供应商对上一次需求低迷时期的敏感性。供应商在没有证据表明新的繁荣景象可以持续下去的时候并没有决定提高生产量。这样导致的结果是，供应商满足不了波音公司对零部件的需求，而波音公司也没有后备供应商能提供零部件。[12]当高层管理者继续按照估计的成本（考虑到节省下的）制订战略计划的时候，组装公司的经理们却发现零部件出现短缺、时间安排超过了规定、工作无序等问题日益增多（见图4-1）。经理们实时地看到了出现的问题。每天他们都会看到由于零部件短缺、库存管理问题而导致的越来

被怀疑事件：汇报太迟

越严重的无序和混乱。然而，尽管经理们掌握了关于生产问题的这些实时信息，他们却没有有效的渠道将这些信息实时地报告给高层管理者。

图 4－1

1997 年波音保持增长时 737 和 747 所提供的工作岗位数。

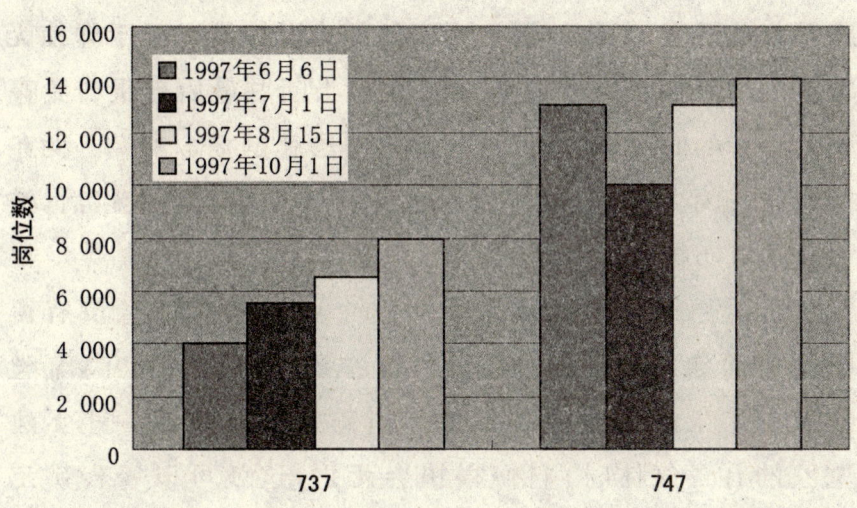

资料来源：对第 C97-1715Z 集团诉讼案予以驳回的决定。美国地方法院，华盛顿西区，西雅图（1998 年 9 月 8 日）。图中的岗位数来自于 http://securities.standford.edu/1012/BA97/order.html（2003 年 2 月 15 日查阅）。

波音公司缺乏实时信息报告的一个明显征兆是在 1997 年第 2 季度结束前 3 天举行的一个会议上，很多经理发现 15 架飞机极有可能延迟交付。对于波音公司来说，按时交付不管是在过去还是在现在都是至关重要的。因为如果延迟交付，波音公司必须向订购飞机的航空公司支付赔偿金，而且

第四章

由于延迟交付会扰乱航空公司的计划,这对将来的订单也会造成不利影响。

尽管到1997年春季的时候,问题已经明显地变得非常严重了,然而高层管理者直到秋季才意识到生产危机。罗恩·伍达德说:"8月份过得很艰难,但是对我们来说,9月就像是矿井的金丝雀。"他的意思是,高层管理者意识到零部件短缺如此严重、工作的混乱无序如此难以控制以至于即使无限制的加班加点也解决不了问题。[13]当问题最后被报告给高层管理者的时候,唯一可行的解决办法就是737和757两条生产线关闭20天以使零部件存货得到补给。不久以后,波音公司宣布损失了26亿美元。

伍达德选择了类比来说明这个由于实时信息没有得到报告而导致的问题的深刻性。在20世纪头10年,金丝雀就是矿工的实时报告系统。当矿井里有其他一些无法觉察的有毒气体时,它们很快会死亡,这就可以警告矿工们尽快疏散。波音公司高层管理者的金丝雀却在零部件短缺和混乱组装的"有毒气体"使波音的生产流程窒息后依然存活着。

由于航空工业所遵循的公认会计准则的缘故,一些能够反映问题的早期信息对波音公司特别有用。这种会计方法是项目核算(program accounting)法,即在制造飞机、卫星等类似产品时将巨额成本分摊到设计、测试和最初制造等各个步骤。当生产完某一机型的很多部件后,成本就会大幅下降。项目核算法允许将成本分摊在某一生产线的整个建造过程，因此它要求准确地估计将要制造的飞机数量，以及随着生产经验的增加和生产效率的提高所节省的成本额。如果问题在飞机项目周期的早期出现，毫无疑问这些预测值就会和现实产生巨大的分歧，波音公司在上世纪90年代末就遇到过这样的情况。[14]

看起来似乎很容易得出结论，即上世纪90年代中期，波音公司对供应商进行的理性化改革和引入飞机构型定义控制系统的管理行为是产生16亿美元费用的原因。虽然从理论上看是这样，但真正的问题并不在于此，而是在于高层管理者缺少信息，以致损害了短期的生产能力。如果他们实时地知道了这些问题，能采取哪些不同的措施呢？一个选择是减少订单量，但是对飞机业务来说这是不现实的。因为针对某一型号的飞机，航空公司必须投入大量的资源去培训机械师和飞行员，所以当波音公司由于短期产能受限而放弃订单时，航空公司很可能会把订单投向波音公司在商用喷气式飞机业务领域的竞争对手空中客车公司（Airbus Industrie），而这从长期来看会给波音公司带来很惨重的损失。因此，波音公司很可能还是无法完全避免上述问题。但是，如果高层管理者注意到了引入飞机构型定义控制系统存在的问题并发现了严重缺乏供给能力的供应商，就可能在很大程度上减少生产无序和零部件短缺所带来的影响和这种状况所持续的时间。即使能早点短时间停产也能减少公司的损失（见表4-3）。

第四章

表 4-3 波音公司的识别和验证模型

识别模型	
首要目标	按时并根据预算交付飞机
原因性事件	零部件短缺;工作的无序
衡量标准	零部件存货;工作的无序;工作进度落后
应对措施备选方案	更关注于零部件管理系统的实施;增加供应商数量

验证模型	
是否符合公司使命和愿景	是的。波音公司的使命是成为航空制造业的领导者(在预算内按时交付飞机是成为领导者所必需的),并实现股东价值最大化。
是否与首要任务相协同	是的。波音公司的核心竞争力包括:大规模的一体化系统和包括顾客满意在内的价值观。生产出现问题会对这两个核心竞争力产生威胁。
重要性	波音公司高层会采取行动防止飞机的延迟交付,避免利润流失和名誉受损。
对公司的影响	商用机是波音的三大收入来源之一。

由波音公司的经历总结出的一个更大的教训是,管理者不要过分依赖预测,例如在制订战略规划的时候。在因为未来不确定而必须要预测时,可以考虑使用暂时性的路径图,这是一个很重要的战略规划工具。暂时性的路径图会详细地说明几种可能的行动方案,随着时间的流逝和真实信息替代预测信息,路径图还会就为什么采取某一行动而不采取另一个给出详细的原因。[15]例如,波音公司可以制作一个暂时路径图,详细说明当零部件短缺达到何种临界水平时应采取行动重新联系那些已经失去的供应商并与之合作。当促使管理者采取某一行动的信息被实时报告上来时,暂时性的路线图最有效。当管理者依靠对将来的成本、

收入等预测信息制订战略规划的时候，他们应该考虑到是否存在一个实时报告过程，以确定那些预测信息是否正确。当谈到确保用于战略规划的预测值是持续更新并反映当前现实的重要性时，花旗集团（Citigroup）前 CEO 约翰·里德（John Reed）说："最重要的事情是要保证你时刻注意着世界的变化。"而如果你对世界的变化毫不知情，得到的结果常常是被怀疑事件。[16]

西尔斯公司

有时，高层管理者意识到周围的环境发生了变化，但是仍然发生了被怀疑事件。2002 年 10 月的西尔斯事件便是如此。

众所周知，零售业的销售额是最受短期趋势影响的。尽管在过去的 20 年中，美国零售业为占据突出地位的三个公司所支配，然而西尔斯还是经受住了时间的考验。在 100 多年以前，西尔斯—罗巴克公司（Sears, Roebuck and Co.）便发行了它的第一个邮寄目录。然而，如果不了解西尔斯的历史，它 2002 年的账簿可能会让我们得出结论：西尔斯是一家涉足零售业的信用卡公司。因为 2001 年西尔斯信用卡部门的营业利润占了总营业利润的 60%。这个庞大得令人吃惊的信用部门是西尔斯 2002 年利润突然大幅下降的根源。在 2002 年第 3 个会计季度结束的时候，西尔斯不仅没有实现赢利预期，而且由于要冲销来自信用卡业务的坏账 2.22 亿美元，它报告了亏损（见图 4-2）。

第四章

图 4-2

西尔斯 2002 年第 3 季度坏账准备急剧上升。

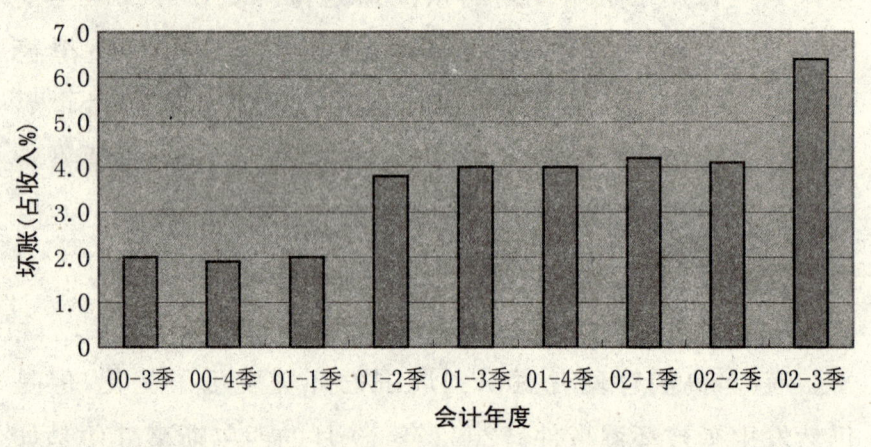

资料来源：西尔斯 2000 年至 2002 年季度报告，http://www.sec.gov/archives/edgar/data/319256/0000950102006132/c72860e10vq.htm（2003 年 1 月 29 日查阅）。

对于长期关注西尔斯的人来说，该信息的发布看起来似乎是意料之中的。多年来，西尔斯的销售收入对信用部门的依赖不断增加。受到来自沃尔玛、塔吉特等折扣店，梅西百货等高端的百货商店以及家得宝（Home Depot）和劳氏（Lowe's）等家居建材零售商的夹击，西尔斯的零售额在上世纪 90 年代早期就停滞不前了。在 90 年代中期，CEO 阿瑟·马丁内斯（Arthur Martinez）在成功降低企业间接成本但还是没有成功刺激商品销售额增长后，开始依靠赊销增加销售额。然而在 1997 年，当西尔斯意识到在开拓信用卡业务过程中过于冒进而使应收账款急剧上升时，它已经被牢牢地困住了。马丁内斯交给现任 CEO 艾伦·莱西（Alan Lacy）的一个任务便是加强对信用卡部门的管理，稳步发展业务。[17] 莱西的成功为他在马丁内斯于 2000 年 12 月退休的时候接任 CEO 之职铺平了道路。尽管依然受到信用卡业务的困扰，西尔斯董事会仍选择了莱西而没有选择其他经验更丰富和成功促进商品销售额增长的候选人，这一信号说明了西尔斯对信用卡业务的执著。[18]

和他的前任一样，莱西认为信用卡部门有巨大的增长潜力。他上任后，把信用卡部门移交给凯文·T. 凯力根（Keven T. Keleghan）管理。莱西首先计划利用贷款取得资金而开展一些活动，包括重新设计店面，引进新的、更时尚的服装生产线以及收购零售商 Lands' End 公司，以此实现公司零售额的再次增长。莱西和凯力根采取的主要措施是开发一种西尔斯万事达信用卡（Sears Master Card，不同于店内专用卡）。虽然西尔斯万事达信用卡取得了成功，但是它并没有实现收入目标——西尔斯万事达信用卡的持有人账户中的余额比行业平均余额还低。2002 年初，西尔斯采取了很多措施去补救销售收入的不足，主要是把传统的西尔斯信用卡的利率和手续费提得比竞争对手的还高。[19]

西尔斯能够对这些顾客收取高额费用的能力暗示西尔斯的信用卡仍然容易受犯罪行为攻击。持卡者愿意付给西尔斯高出市场价的费用说明其中有些顾客在其他地方申请不到信用卡，而且很可能不还款。确实，整个 2001 年，西尔斯信用卡持有人的拖欠事件在增加（见图 4-3）；在第 3 季度，

第四章

宣称破产的持卡者数量上升了20%。[20]经济的持续衰退也使拖欠还款率上升成为可能。西尔斯的公共关系部门声称,公司每天都在监控这种现象,考虑到信用卡部门对公司利润额的贡献,他们确实应该这样做。

图4-3

在2001年和2002年,西尔斯信用卡和西尔斯万事达信用卡持有者的拖欠还款率充分体现了西尔斯的资产组合中信用质量问题的日益严重。

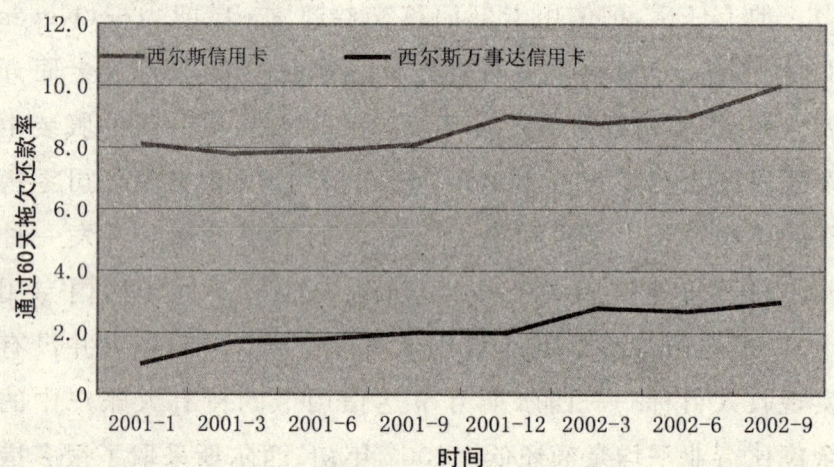

资料来源:西尔斯2002年9月末第3季度报表,http://www.sec.gov/archives/edgar/data/319256/0000950102006132/c72860e10vq.htm(2003年1月29日查阅)。

如果西尔斯正对拖欠还款率实施监控,而且也有征兆表明其资产组合存在很大风险,为什么它会允许其信用卡拖欠还款率在一个季度里提高50%呢?投资者感到很惊讶。艾伦·莱西在接受《纽约时报》(New York Times)采访的时候提

被怀疑事件：汇报太迟

供了一条线索："凯文在第 3 季度做了一些让人无法接受的事情。他不知道他的业务正在发生什么事情。"[21]换句话说，虽然公司对业务的关键部分进行了实时监控，却没有把这些信息报告给公司中的某位最有可能采取有效行动的高管。

在波音公司，被怀疑事件发生是因为缺乏把实时信息报告给高层管理人员的程序。而在西尔斯，信用卡部门经理可以通过有效途径获得信用卡业务上的实时拖欠信息。但是，如果我们看一看识别模型和验证模型，便会很清楚为什么在西尔斯会发生被怀疑事件。回顾一下西尔斯的目标（最大化营业利润，为提高销售额的活动提供资金支持）和信用卡部门经理收到这些实时拖欠信息后可以采取的应对措施。西尔斯直到债务产生 240 天后才将其冲销，这对于信用卡部门经理来说太迟了以致不能采取措施使营业利润发生扭转。凯力根只能为这些欠款增加准备金，而这对营业利润有负面影响。要改变现有持卡者组合已为时太晚。凯力根唯一可以采取的应对措施是和公司目标相违背的——努力地激励在那个职位上的每一个人去隐瞒信息，正如莱西声称的那样。[22]信用卡部门经理需要关于主要经济指标的实时信息，这些指标能显示出经济低迷，而经济低迷会导致拖欠率在未来 240 多天里一直增长。只有了解了这些信息，信用卡部门经理才会作出改变信用卡审批政策的应对。还是不要开玩笑了——开发实时信息系统的成本（即使已经知道了 9 个月的主要经济指标）高得让人无法承担。但是，如果这一关于最重要商业过程之一的信息能在西尔斯公司内部被广泛地报

第四章

告,这些数据就能提供一个充足的事件—影响时滞(见表4-4)。

表4-4 西尔斯的识别模型

首要目标	信用卡部门的销售收入
原因性事件	信用卡的发行、收支差额、坏账情况、国家经济状况
衡量标准	拖欠率;消费者债务(整个经济)
应对措施备选方案	更多地关注于其他部门的发展和销售收入;提高坏账准备金

虽然信用卡部门的经理没有合适的应对措施,但是CEO如果掌握了关于拖欠状况的实时信息,便会有很多可行的应对措施。其中的一些可选应对措施在坏账准备金的大幅增长被公告后所采取的措施中很清晰地体现出来。莱西指出,由于利润下降,而信用卡部门期望快速回到稳定状态,公司放慢了在店铺重新设计与装饰上的投资,将Land's End公司的商品配置到零售店铺的行动也放慢了。西尔斯要依靠成本控制来补偿损失的信用卡收入。[23]莱西也谈到了一些加快商品成长计划的措施。当然,也有改善信用卡资产组合的计划。如果能在10月前有效地采取上述任何一个或所有的应对措施,公司在第3个季度的亏损都会降到最小。另外,如果在几个季度里逐渐增加坏账准备金也会降低这一突发事件的冲击力——一天之中市值损失了34亿美元。

西尔斯最终发现,正是由于监控、报告信用资产组合的不充分而导致公司遭受了多次突发事件。在2003年春,西尔斯宣布出售信用卡业务;在2003年7月,宣布已经缔结了一个协议:以30亿美元的价格把290亿美元的应收账款出售给了花旗银行。[24]

被怀疑事件的终结

　　正如第一章所提到的那样,被怀疑事件是意外事件中最容易让人发狂的。实际上,可以阻止意外事件发生的信息就在那里,只是这些信息不在合适的人手中。西尔斯和波音公司的故事深刻地说明了实时报告在终结这些意外事件的时候起到了非常关键的作用。毫无疑问,这两个案例会让每个管理者都努力掌握公司内部已有的信息,这些信息会让他们注意到即将出现的灾难或机会,采取主动,避免其演变成突发事件。同时,这两个案例也说明了信息共享对于实时机会探测发挥作用至关重要。西尔斯公司的案例预见了如果在全公司范围内实施实时机会探测所必须面对的一些问题。为了使管理者和公司都不再经历意外事件,必须改变传统的信息存储方式并共享实时数据,我们将在第六、七两章讨论从有限利用实时机会探测转向实时企业这一问题时详细阐述这两个概念。

第五章　被克服事件：
正确处理

被克服事件：及时报告并采取了有效行动的事件。

许多频繁出差的商务旅行者都能够背诵出美国联邦航空管理局（Federal Aviation Administration，FAA）规定的安全须知。虽然我们清楚地知道为什么要在飞机着陆前系好安全带，收起小桌板并将座椅靠背调至正常位置，但却不是很明白为什么要在飞机着陆前关掉所有的电子设备。许多商务旅行者都无视这一警告，尽可能地隐藏他们的掌上电脑或手提电脑，继续工作，希望在到达之前能够多争取一些时间，多做一些工作。如果这些商务旅行者知道要求他们关掉电子设备的原因，他们一定会严格遵守这一安全规定。

飞机在着陆前会启动一个非常复杂的实时系统，以确保飞机着陆时每一位乘客的生命安全，因此美国联邦航空管理

第五章

局规定不允许存在任何一点细微的干扰。这套仪表着陆系统(Instrument Landing System,ILS)是基于地面的无线电操作系统,通过无线电发送飞机的位置、航向、高度和其他重要的飞行数据到飞机上相应的接收设备,从而在任何能见度情况下为飞行员导航。[1]很明显,在低能见度情况下,这套系统尤为重要,因为此时飞行员通常会启动自动着陆电脑系统,接收从地面传来的着陆信息,使飞机在无飞行员干涉下自动着陆。[2]在这些情形下,仪表着陆系统的信息由飞机上的自动着陆电脑系统监控、捕捉并分析,这些电脑系统可以根据信息完全控制所有飞行及导航功能。因此,在危险的低能见度情况下,当飞机安全着陆后,一个潜在的被怀疑事件便变成了一个被克服事件,而这都是在那些疑惑他们为什么不能在飞机着陆时听CD的乘客们毫不知情的情况下发生的。9·11恐怖袭击事件后,人们可能已经进一步改进了这些自动着陆系统,以便远程控制飞机的飞行和着陆。[3]

很多时候,人们很难理解为什么将对日常商业事件的实时监控——就如同对载客飞机的实时监控一样——纳入到每个员工、经理、高管甚至董事长的日常工作范围内是那么不容易。毕竟,在我们的日常工作中,对关键信息的监控、捕捉、分析、报告和应对不是一种陌生的概念。

> 我们依靠有关时间的实时信息来准时参加会议;
> 我们依靠家里或办公室的自动调温器对温度的升高或降低作出即时应对;

被克服事件：正确处理

> 我们期望汽车里的仪表能实时反映汽车速度（特别是当我们看到警车的时候）和燃料情况；
> 我们看着自助加油泵的计量表以确定在加满我们期望的油量后就停止注入；
> 我们使用的烟火检测器在有危险时立即发出警告，特别是当我们睡觉的时候；
> 我们甚至使用温度感应弹出按钮告诉我们什么时候把感恩节的火鸡从烤炉里取出来。

我们周围有很多对事件进行实时监控、捕捉、分析、报告和应对的例子。尽管商业突发事件造成了很多危害，然而人们很少采取措施来改变这种容忍突发事件的企业文化和流程，也很少有人开始使用实时机会探测。不过，正如美国联邦储备委员会的主席艾伦·格林斯潘（Alan Greenspan）在2002年8月的讲话中所指出的，实时信息的使用虽然缓慢，但是已经开始产生了影响，"很明显，最近几年，我们正比过去更加迅速和有效地解决了经济发展的不平衡问题，这在很大程度上是由于更加广泛和密集地使用实时信息的结果"。[4]

对于在各个行业从事经营活动的公司来说，管理者们正在预知当前，实时发现机会，从而使那些本应是突发的事件和被怀疑的事件都变成了被克服事件。

琥珀木家居建筑公司

突发事件在建筑行业的活动中已经司空见惯。尽管建

第五章

筑楼房没有组装商业飞机那么复杂,但也要遵循准确的操作程序。电力工作需要在绝缘材料安装前进行;而这两者都需要在石膏板安装前进行检测;在做这些工作前又需要确保屋顶不透水。具体建筑过程中的任何一件没有预料到的突发事件都会将项目工期延迟一周或一个月,因为当一个分包商到达工作地点,遇到突发事件,即由于前期工作没有按预期完成,任何其他工作都不能做时,这个分包商便会转向其他工作地点。任何一个曾有过承建新的楼房或改建现有楼房经历的承包商都会告诉你最大的意外是项目如期完工。虽然工程不能如期完工对于委托方来讲是一件很不愉快的事情,但建筑商需要付出更大的代价。分包商只要到达施工现场,无论能否完成其工作,都会向建筑商收取费用。另外,工期的延长也会产生费用,因为工期越长,占用的资金越多。

琥珀木家居建筑公司是位于美国亚利桑那州(全国最炎热,也是销量最旺的建筑市场之一)的一家大型住宅定制承建商,该公司已经在工序和企业文化方面采取了重大措施来消除工期延长的影响。这些年来,琥珀木家居建筑公司的每位项目监理人都有着自己的一套监督工程进程和为分包商制定进度的方法。事实上,据琥珀木家居建筑公司的一位项目经理丹·约翰逊(Dan Johnson)所说,许多分包商根本不按进度行事。[5]约翰逊发现了通过集中控制进程报告和实时调整进度以改进运作的机会。如今,每一个琥珀木家居建筑公司的项目经理以及50多家分包商都使用一套新的实时进程系统以避免不必要的现场检查,并且确保工作岗位上的每个人

被克服事件：正确处理

都知道正在承建的房屋目前所处的状况——该公司一般会同时承建 20—25 个房屋。当每一道工序完成后，施工现场的监理人便使用无线设备更新施工进程。根据进程进行调整后，一个新的进程时间表便产生了。每天早晨，分包商都要检查工程进程表，以确保他们是在正确的时间到达正确的施工地点。

将这个新的进程付诸行动的驱动力是建筑行业中成本控制的重要性，因为建筑业的平均边际利润约为 5%。市场部副总经理迈克·法勒（Mike Farrar）说，在琥珀木家居建筑公司，"成本管理至上"。约翰逊估计，关注实时进程的时间表可以将一栋建筑物的完成时间由 6 个月缩短为 5 个月。缩短 30 天完成项目可以为每个项目节约 3 000—4 000 美元。只是财务费用这一项的节约便可将边际利润提高 20%。[6] 这笔节约的费用也大大地影响了投资于下一个新项目的营运资金，这使琥珀木家居建筑公司的业务比过去增长得更快。这个新的进程为琥珀木家居建筑公司带来的另外一个好处是减少了管理成本，这是通过降低相关费用实现的——这些费用包括分包商到达工地时发现上一道工序还没完成而无法工作时，琥珀木家居建筑公司支付给分包商的费用，以及分包商未能按期到达工地时付给琥珀木家居建筑公司的费用。过去，工头和经理都要花大量时间分辩和讨论这些费用的合理性，这影响了工头投入其本职工作。新系统为琥珀木家居建筑公司省去了所有不必要的费用，并使得对于分包商的罚款更易评估和检验。事实上，约翰逊说，这些数据帮助

第五章

琥珀木家居建筑公司可以就是否雇用或解雇分包商进行更有效的决策。如果没有实时系统，对分包商的评估只能依靠工头对分包商表现的感觉。实时进程系统使得琥珀木家居建筑公司能够通过长时间对各分包商进行比较来评估其工作。

琥珀木家居建筑公司意识到实时进程能够为公司带来"软"的改进。随着公司依照进度按时向顾客交付房子的能力不断增强，消费者的满意度也大幅提高。公司认识到这种满意度的重要性，因为它40％的业务来自于老顾客的推荐。最近，公司还把其对进程表的实时更新直接公布在其网站上以便顾客查询。迈克·法勒说，公司很快便体会到了对于准备搬迁到凤凰城（Phoenix）的顾客来说公司竞争力的提高："这些顾客从全国各个地方来到亚利桑那州，他们占顾客总数的30％—35％。他们能够在任何地方查询新房子的进程，这也有助于这些顾客正确地制定搬迁日程表，避免了像以前一样，到了凤凰城才发现房屋要延期一个月才能完工，不得不寻找临时住处。实时进程成为他们选择建筑商时考虑的一个重要因素。"

琥珀木家居建筑公司的发展经历指出了实时进程开发过程中的一个特别重要之处。虽然技术是一个重要因素（"中心数据库更新会发生许多错误，经常在进程外要打很多小时的电话。"约翰逊说），但是真正的挑战是让所有人都改变他们的思维方式。"我们的许多分包商做这种工作很多年了，已经形成了一种固定方式。任何改变都需要时间。让他们采用实时进程方法管理项目就像一个木厂工人去铁厂工作。这需要时间和努力。"

约翰逊指出,还有一些分包商没有适应这一新系统,"他们还认为他们能在早上只打个电话给工头,告诉工头他们不来了"。不过,大多数分包商只用几个月的时间便适应了。"大家都开始发现这套系统的好处,"约翰逊说,"这套系统不只是给琥珀木家居建筑公司节约了成本,还为分包商节约了成本,因为他们可以提前几个月看到进程安排,从而有效地进行原料采购和人员安排。事实上,当我们开始每月或每周把有关他们表现的报告送给分包商公司的时候,很多分包商都打电话告诉我们,说我们的报告使他们对其业务有了前所未有的了解。"琥珀木家居建筑公司采用的实时机会探测使参与项目的各方都节约了时间和成本,并提高了生产力(见表5-1)。

表5-1 琥珀木家居建筑公司的识别和验证模型

识别模型	
首要目标	建筑成本管理
原因性事件	分包商工作进程表
衡量标准	完成的任务
应对措施备选方案	更新进程时间表以使人力资源利用最大化,消除由于延期及不准确的时间表引起的人员交通费
验证模型	
是否符合公司使命和愿景	是的(质量上乘、顾客满意)。
是否与首要任务相协同	是的(成本管理、营运资金的最大化)。
重要性	进程时间表的变化会引起资源重新配置。
对公司的影响	每个建设项目节约3 000—4 000美元,预计提高10%—20%的利润。

第五章

威特斯欧服装零售公司

建筑业中这种低利润率驱使建筑商格外关注成本管理。在零售业中，利润空间同样很小，但是零售业强调的却是库存管理。通常，是否在合适的时间、合适的店面拥有合适的产品是用来衡量成功或失败的唯一标准。产品的脱销意味着收入的损失，通常没有恢复的机会。当库存得以更新补给时，大多数消费者已在其他地方买到了该产品。而通过大量存货改善库存不足，又会导致重大的利润损失，因为剩余的货物不得不打折销售，或运往批发商处统一处理。沃尔玛为了使其库存管理更加有效而采用的信息管理系统为每个行业设立了标准，同时，也使许多零售企业——无论是否是沃尔玛的直接竞争者——都感受到了来自沃尔玛的压力。

威特斯欧公司（Wet Seal, inc.）是一家有着600家商店的大型服装零售商（分别在威特斯欧、Arden B和Zutopia品牌下经营）。2002年，威特斯欧公司的收入超过6亿美元。首席信息官（CIO）迈克尔·瑞里西（Michael Relich）的具体任务是利用技术改善公司的库存管理。他这样描述公司所存在的问题："主要的障碍是每个店都是一个孤岛（信息不通），没有可靠的渠道把各店的信息传递到区域经理那里，以帮助他们有效地管理库存。"[7]据公司的运营经理罗恩·亨特（Ron Hunt）介绍，分店经理每周手工制作销售报告并通过电话或者传真发给区域经理，区域经理再将这些报告编写到统一的黄色便签簿上。

被克服事件：正确处理

瑞里西认识到提高区域经理高效地进行库存分配的能力是非常必要的，他安装了新的定点销售系统，即通过数字用户线路构建了虚拟企业网络，把各个分店和总部联系起来。[8]"每天晚上，我们都能收到来自600多家分店的销售情况汇报。"他解释道。每天早晨，区域经理们到达办公室后都会在电子邮件信箱里收到来自本地区所有分店的信息汇总报告。因此，他们可以立即根据这些信息按各店的需要配置存货。"货物运转的速度对于我们来说特别重要，因为我们的主要消费者是一些对时尚趋势非常敏感的女人。如果由于没有某一热销产品的库存而导致一次交易失败，你不仅失去了这单生意，还失去了与这个顾客对于服装潮流所达成的共识，那么你也就不要期望下次她会再来店里购买另一件流行产品。"瑞里西说。

另外，各个分店销售的实时信息使得区域经理能够很快地发现问题。如果一家分店销售发展缓慢或一个地区的一家商店的销售落后于这个地区的其他商店，区域经理就能够早些时候发现问题所在，并集中精力给予快速解决（见表5-2）。实时系统也能够帮助解决零售业存在的另一个紧迫的问题——损耗，即店内盗窃。"我们下一个目标是将销售情况、应有库存和实际库存更加紧密地联系起来，以便能够快速确认那些受损耗问题影响最大的商店。"瑞里西说道，"店内盗窃问题让经理们发狂。一旦发现问题所在，经理们就可以立即亲自对店面进行检查，寻找安全漏洞，采取措施进行补救。"

第五章

表 5-2 威特斯欧公司的识别和验证模型

识别模型	
首要目标	有效的库存配置
原因性事件	利用商店销售额确认购买趋势和存货短缺趋势
衡量标准	每件商品的总销售额
应对措施备选方案	通过配置库存使销售增长最大化,并减少降价销售
验证模型	
是否符合公司使命和愿景	是的。("我们通过给十几岁的女孩子——美国最善变的消费者——在适当的时间提供满足其需要的产品而获得成功!"——摘自公司的历史回顾)
是否与首要任务相协同	是的。(存货管理是零售业中的关键成功因素。)
重要性	区域经理基于实时的销售数据分配存货。
对公司的影响	增加了销售额并减少了利用降价清除存货这种情况的发生。

福特汽车公司

琥珀木家居建筑公司和威特斯欧公司都是在较好的市场形势下开始实时机会探测的。自从 2001 年以来,整个经济情况并不景气,日用消费品市场和房地产市场是为数不多的几个亮点,都呈现了上升趋势。特别是建筑行业,享受着上世纪 50 年代以来,甚至有史以来最好的房地产市场的滋润;琥珀木家居建筑公司通过改进其业务中最重要的因素,即建筑成本控制,而充分利用了这一增长机会,获得了发展。同时,汽车行业也因为市场不景气而开始重视起成本管理来。尽管 2002 年汽车和房地产行业都创下了新的销售纪录,但是在房市看好的同时,汽车价格却在大幅下降。由于现金需求的驱动(我们将在下一章探讨这种需求的根源,并分析通用汽车是如何对此作出应对的),多数制造商都需要

被克服事件：正确处理

保持汽车销售量的领先地位。结果，空前的现金折扣和零利率贷款方式变得很平常。这继而导致了福特公司利润的大幅度降低，并使成本控制成为福特公司的首要任务。

在福特公司，格外关注成本管理是20世纪90年代末该公司成功的必然结果，当时的福特是美国利润最高的汽车制造企业。在那个时候，福特公司的零部件成本和加工成本都在增长，并且明显高于它的竞争对手。但是这些因素所造成的影响并没有立即显现，因为福特公司的卡车和越野车（SUV）有着很高的利润。不过，随着利润不断下降，福特公司的成本问题就凸现出来。为了扭转公司的处境，2001年底公司董事会撤换了原CEO雅克·内瑟（Jacques Nasser），取而代之的是威廉·克莱·小福特（William Clay Ford Jr.），以期改变世界上最大的高成本汽车制造商的现状。2002年初，福特宣布其改革计划，包括关闭五家位于北美的工厂，在其他13家工厂减少轮班，缩减工作岗位，并裁员35 000人。这项计划的目标是到2005年左右节约90亿美元，其计划中最关键的部分同时也是创造长期竞争力的关键点是，到2005年，每辆车的生产成本降低700美元，从而使成本节约额超过30亿美元；而到2002年年底，要实现每辆车成本降低200美元。

不过，2002年7月，计划实施还不到6个月的时候，首席财务官（CFO）艾伦·吉尔摩（Allan Gilmour）宣布，成本削减计划没能按进度完成。由于这个警告发布得较早（距离完成本年计划的时间还有5个多月的时间），因此公司高管

第五章

们能够采取许多可行的应对措施。如果到了10月或者11月才报告这个问题,那么福特的高管们就只好承认失败,或者裁掉更多的人员才能实现目标。由于距离完成目标还有将近6个月的时间,高管们才有可能采取适当的措施避免超出计划的裁员或关闭工厂。事实上,福特不但没有缩减工作岗位,而且还增加了700个新的成本控制工程师的岗位。这些工程师主要负责检查每个型号汽车的主要零部件(如传动、刹车、车架等),以便发现在生产中节约成本的方法。例如,工程师发现如果对于福特探险者的车身强化结构进行重新设计,可以在保证相同安全水平的情况下,使每辆汽车的成本降低100美元。

不过,高管们认识到,不能仅仅依靠新增人员关注成本节约来实现目标。三位负责汽车生产过程中的成本管理的高管菲尔·马滕斯(Phil Martens,车辆项目副总裁)、戴维·瑟斯菲尔德(David Thursfield,全球采购及国际运营总裁)和詹姆斯·帕迪利亚(James Padilla,北美地区副总裁),下令每个工程师必须把每天的项目情况报告给他们。每天晚上,三位高管都要分析这些报告并和公司的总体目标进行对比。每日报告产生的巨大影响在于:截至9月,也就是艾伦·吉尔摩发布警告的两个月后,首席运营官(COO)尼克·谢勒(Nick Scheele)宣布,公司成本削减情况将超过原定目标(年底实现每辆车成本降低200美元)的20%,这将给福特公司额外节约1.5亿美元甚至更多。取得这些成效的主要原因是让高管们知道了他们该在哪个方面努力。例如,根据《华尔街日报》报道,当瑟斯菲尔德认识到无线电设备的成本削减不够,他便会见了福特的无线电设备供应商伟世通(Visteon)公司的高管,共同制订计划使成本进一步降低了2.2亿美元。[9]

值得注意的是,在被克服事件中这是一个很特殊的例子。福特除了利用电子邮件外,并没有使用高端技术。到目前为止,福特的实时机会探测完全是基于改变统计与报告成本降低状况的流程。虽然在某种程度上,技术在流程管理中有着很大的作用,但是福特认为技术的作用是第二位的,最重要的还是预测现在(见表5-3)。

表5-3 福特公司的识别和验证模型

识别模型	
首要目标	削减汽车生产成本
原因性事件	成本控制工程师检查主要汽车系统
衡量标准	为实现2002年底每辆汽车节约200美元制定的每日进度
应对措施备选方案	增加对特定车辆或系统的关注;增加高管对供应商的关注
验证模型	
是否符合公司使命和愿景	是的。("我们的愿景是成为全世界汽车生产和服务的领导者",成本管理是获得市场份额的关键。)
是否与首要任务相协同	是的。(比尔·福特多次在讲话中提到快速降低汽车生产成本的重要性。)
重要性	帕迪利亚、瑟斯菲尔德和马滕斯也参与到成本节约项目中。
对公司的影响	承诺的90亿美元的节约有30%来自于汽车生产成本的削减。

第五章

福特的复兴计划有着很多的障碍，能否成功也不能确定。但是实现计划中最关键的目标，即降低汽车生产成本却已成为事实。如果通过关注日常报告能提前完成该计划，那么福特在将来遇到问题（如与美国汽车工人协会或其他工会协商裁员计划）时，很有可能拥有调整计划其他部分的空间。

德累斯顿银行股份公司

实时原则不只应用于产品制造行业，服务行业也开始领悟到实时机会探测的好处。几十年来，在金融服务行业中，从股票市场到自动提款机都已经依赖于实时信息进行运营。最近，实时信息的使用在金融服务企业内部开始广泛铺开。其中的一个例子是德国德累斯顿银行股份公司（Dresdner Kleinwort Wasserstein）。[10]

20世纪初的银行业危机导致政府对银行和相关金融服务企业进行了严格的控制。调控的明确目的在于限制风险，即降低银行破产并卷走储户毕生积蓄的风险。当然，个人风险的降低就意味着银行业市场风险的降低。例如，银行不准开展保险业务（当然，保险公司也不能开展银行业务），也不准过多地涉足股票市场。

不过在20世纪后半段，自由经济理论盛行，各国政府开始允许由自由市场决定利率和汇率，同时也放宽了对金融服务行业的控制。[11]因此，金融服务企业开始拥有了一系列新的极其复杂的投资手段。这些投资手段里比较核心的是所谓的衍生金融产品，如期权、利率互换和期货等。[12]由于这些业务以及其他相似的复杂业务开始被更多人接受，同时也没有严格的汇率和利率调控机制，金融机构承担的风险迅速增大，因此对风险管理的需求也越来越大。

这些业务带来的风险和对风险管理的需求在1995年变得更加清晰。当时，有着223年历史的英国巴林银行集团(Barings PLC)由于其新加坡分行内部的一位交易员违规操作而宣布破产。巴林银行倒闭的罪魁祸首尼古拉斯·里森(Nicholas Leeson)进行期货和期权交易：希望在以低价买进某产品而在另一次交易中以高价卖出该产品从而获取利润。到1995年2月，里森进行的非授权交易损失总计约12亿美元。[13]导致里森的行为的关键因素是他拥有有目的地进行各种投资交易而又不被银行管理层所知道的能力，这也是很多全球扩张的银行所面临的问题。由于存在着较高的不稳定性、较高的风险性以及全世界成百上千的交易员，一个金融服务企业不可能在市场发生变化时充分了解全球各地的分公司。这种忽视导致了一系列的状况：银行在进行投资决策时过度依赖某一特定汇率或利率；在进行风险规避时过于依赖套保交易，导致回报下降。

新银行法的推行、证券管制的更新、新金融工具（如衍生产品）复杂性的增大，以及巴林银行的破产构成了20世纪90年代末的大背景。在这种背景下，德国德累斯顿银行的总裁决定建立实时的金融风险管理系统。该金融风险管理系统的目标是"在全球范围内获得对风险和资本使用效率的实时、连续监控"。[14]

第五章

　　这套系统使用复杂的计算方法确定银行面对各个特定市场情形的风险水平,并将这个风险水平和预期允许承担的风险进行比较。德累斯顿银行开始使用这套系统,但是由于公司内部各分公司使用不同的交易系统,包括从外部购买和内部自行开发的,结果导致进程十分缓慢。高管们都很清楚,虽然通过这套系统可以使全球各分公司获得实时信息,有效地控制风险,但是绝对不能影响交易员和经理的日常经营与运作。

　　当然,德累斯顿银行以及其他银行的要求不仅仅是随时都掌握全球各分公司的情况,更重要的是要把这些信息与全球市场变化的实时信息紧密结合起来。为了实现这些目标,德累斯顿银行决定通过协商从第三方数据提供商如路透(Reuters)公司获得实时信息,以便及时地了解市场状况的变化、价格的变化、利率的变化以及一系列能够影响证券价值的外部因素。这些实时信息随后被整合到德累斯顿银行的实时风险管理系统里,以更新企业的风险评估结论,并向该系统在德累斯顿银行全球各分公司的信息使用者传递适当的应对措施。另外,自动报警系统将在预期发生变化时向使用者提出建议。因此,德累斯顿银行现在能够管理其全球各种金融产品及衍生金融产品的交易战略,最重要的是能够使其资本回报最大化。由于这套系统可以在4分钟或更少的时间内提供银行在全球范围内的头寸、损益和市场风险情况,因此它能使银行实时、连续地监控全球风险。德累斯顿银行对这套系统的依赖性越来越强,甚至一位管理人员估计,如果实时风险管理系统出现故障,1小时无法监控市场环境,便会给德累斯顿银行带来数百万美元的损失。

和琥珀木家居建筑公司的案例一样,实时风险管理系统所带来的利益已远远超过了最初的目标。创建系统的过程也改进了德累斯顿银行经营的其他方面:

1. 不但数据质量得到了改善,而且例外情况的处理成本得到了降低,后台处理的能力也得到了提高。由于错误(如定价方面的错误)经常会出其不意地出现,而这套系统的存在使得这些错误几乎可以被实时发现,这样便可以在错误蔓延到后台处理系统之前予以纠正,继而将每日例外情况减少到微不足道的数量。

2. 因为该系统能够提供持续的高质量数据,以前需要两天才能公布出来的每日报告现在第二天早上就能得到。例如,德累斯顿银行为了确保高管们对全球市场变化有所了解而采用的全球情况报告。

3. 新系统运作过程要求对现有的系统和数据进行合理化处理,包括消除或合并多余的报告系统和市场参考数据库。这将导致成本降低并减少对人员的需求。

4. 因为复杂性和不一致性的减少,新方案和新金融产品进入市场的时间缩短。德累斯顿银行预计这套系统也会很快改善监管报告和客户信息的传递。

5. 除了风险管理人员外,经营人员和交易人员也利用这套系统查看头寸情况和交易记录,数据管理人员还用它检查影响交易结算的参考数据是否缺失。

第五章

然而,总的来说,这个系统对于德累斯顿银行最关键的好处是为公司提供了一种可以在来自全公司范围内的可靠数据基础上制定每天的决策的能力(见表5-4)。[15]

表5-4 德累斯顿银行的识别和验证模型

识别模型	
首要目标	风险管理
原因性事件	德累斯顿银行全球各个分部的当前赢利状况,利率、汇率的变化和其他新闻事件
衡量标准	实时风险管理的起点
应对措施备选方案	实施正确的交易,增加、减少或对冲持有的头寸
验证模型	
是否符合公司使命和愿景	是的。("安联(2001年,德累斯顿银行并入安联集团。——编者注)代表利润的增长";没有风险管理就没有利润。〕
是否与首要任务相协同	是的。(基于满足充分的资本需求和持续增长目标,实现集团经济增加值最大化。通过运用传统风险管理技术在高增长市场机会中寻求发展。)
重要性	可能导致风险的市场环境的微小变化会被立即报告给经理以采取行动。
对公司的影响	实时管理系统中断1小时就会带来数百万美元的损失。

eBay公司

德累斯顿银行对实时风险管理的需求来自增强组织核心能力和获得短期利益的目标。另外一家服务企业eBay采用实时机会探测开拓了一个新领域,虽然这不是其核心竞争力所在,但会对其长期收入产生重大的影响。

组织使命陈述的作用是清晰地表达组织的目标并解释该组织存在的理由。[16]如果评选"使命陈述最简短、清晰奖",

一定会属于 eBay 公司。eBay 的使命是"帮助地球上任何一个人交易几乎任何一件东西"[17]（eBay 公司的识别和验证模型见表 5-5）。

表 5-5　eBay 公司的识别和验证模型

识别模型	
首要目标	消除障碍，增加用户数量
原因性事件	令人厌恶的商品，爆炸性新闻
衡量标准	与新闻相关的商品
应付措施备选方案	在令人生厌的商品出现在 eBay 社区前将其删除
验证模型	
是否符合公司使命和愿景	是的。（帮助地球上任何一个人交易几乎任何一件东西；为了帮助更多的人，需为用户提供一个安全和值得信任的环境。）
是否与首要任务相协同	是的。（eBay 宣称其收入的增长主要依靠于"社区的凝聚力和社区成员的相互交流"。）
重要性	删除令人生厌的商品；如果疑惑依然存在，那么将其上报给高管层。
对公司的影响	对公司的声誉和长期发展前景的潜在危害。

然而 eBay 公司的一些网上用户偶尔会检验公司提出的"几乎任何一件东西"的真正含义，这导致了新闻界和公众对公司及其政策的高度关注。有一段时间，各种引人注意的例子相当多，其中一家名为 n/e/tsurf 的公司建立了一个网站列出了一些检测"几乎任何一件东西"的界限的例子。这里列出其中的几个：

➢ 一个年轻人把他的灵魂拿出来拍卖。
➢ 一个男人拍卖自己的情人节约会。

第五章

> 一个从未经身份验证的人出售 500 磅大麻。
> 一个政府腐败的反对者拍卖他在马里兰选举中的选票,以显示他对政府的讽刺。

总的来说,这些"商品"或多或少都会让人觉得有趣。但是 eBay 必须面对的问题远比上面这些让很多人极其厌恶的商品严重。引发了持续时间最长、性质最严重的问题的商品是那些与反动团体相关的商品,如纳粹党纪念品,但问题还不仅仅限于此。在一个例子中,一个死刑犯的狱友试图出售五张该死刑犯受刑的门票。有段时间还经常有人拍卖人的尸体(其中一个商品是朝鲜战争中的真人头骨)以及人体器官。一个死于艾滋病的人出售他的遗体,还有人试图拍卖三个未出生的婴儿。[18]

eBay 的高管们从他们创业之初便深知购买者对于系统的信任是决定网站是否能够成功的一个至关重要的因素,因此他们也深知最主要的挑战将会是应付那些试图在网上欺骗买家的卖家。随着网站的迅速成长以及那些令人生厌的商品越来越频繁地出现,eBay 的高管们立即认识到如果他们不对网站上令人生厌的商品采取措施,公司的名誉将会受到严重影响,其吸引并维系顾客和投资者的能力也会受到危害。所以,无论何时,只要网上新出现某一类令人厌恶的商品,eBay 的高管们就会改变拍卖政策对其进行抵制。[19]

尽管 eBay 的高管们通过改变政策抵制了那些企图拍卖令人厌恶的商品(如令人憎恨的东西和人体器官)的卖家,但是eBay很难应付人们受新闻中意外事件启发而拍卖的一些问题商品。

1. 1999年,在6岁的埃利安·冈萨雷斯(Elian Gonzalez)从古巴到佛罗里达的航海意外中逃生后不久,他和其他人到达美国前所用的救生艇被拿到网上拍卖。[20]

2. 当在俄克拉荷马城非法放置炸弹的蒂莫西·迈克维(Timothy McVeigh)被处决后不久,有人就试图拍卖他的死亡证明书和遗嘱。[21]

3. 在2000年美国总统选举出现有关佛罗里达州选票的争论时,两个人在网上出售佛罗里达州棕榈滩县(Palm Beach County)丢失的一台投票机。[22]

4. 当高尔夫球员佩恩·斯图尔特(Payne Stewart)乘坐的飞机于1999年10月坠毁在南达科他州,机上全部乘客遇难的几分钟后,他的崇拜者和可怕的收藏家们便开始出高价购买这名职业高尔夫球员的纪念品。[23]

在每一个案例中,eBay的高管们都面临着一个困境。增加易趣公司收入的最好办法就是增加拍卖的数量,而增加拍卖数量最好的办法就是吸引更多的潜在购买者。从长远的角度看,高管们意识到虽然这样骇人听闻的商品能在短期内提高网站的点击率,但这也会损害公司的名誉和公司在公众中的形象。就像超市容许劣质农产品摆放在新鲜的绿色食品旁边而失去了顾客一样,eBay也将失去那些把网站与可怕和怪异的东西联系在一起的顾客,因为在他们心中,eBay不再是高质量商品的象征。

第五章

　　公司 COO 梅纳德·韦布（Maynard Webb）和他的管理团队得出了一个结论：只有通过增加 eBay 的努力，对与轰动性新闻相关的不合适的商品进行实时探测，才能对网站中的商品交易政策进行及时更新，从而避免对公司长期发展前景的潜在危害。这使得 eBay 公司后来将拍卖 9·11 瓦砾事件转变成为一个被克服事件。

　　纽约时间上午 7:00 之前，恐怖分子登上了四架飞机直奔美国西海岸。第一架飞机在 8:45 分撞击了世界贸易中心的北塔，但大多数人并没有意识到这次撞击的性质，直到第二架飞机在 9:03 分撞击了南塔。当南塔在 10:05 分倒塌时，人们的震动和恐惧开始加剧。23 分钟后，北塔倒塌了，在 5 分钟之内，eBay 网上便出现了第一批拍卖世界贸易中心的瓦砾的帖子。

　　虽然出售这些商品的帖子肯定都是假的，但是公众对这种愚蠢的谋取暴利行为的反感却给易趣网造成了负面的影响。但是，易趣的名誉却没有为此而受到影响，为什么？因为，尽管许多人知道有人拍卖瓦砾，然而我们也听到了"有些人**曾试图**拍卖世界贸易中心的瓦砾"。"曾试图"这个词使一切变得不同——我们对那些试图出卖瓦砾的人非常厌恶，但却认为 eBay 网很诚实，因为易趣在几分钟内便快速删除了能被其用户通过搜索引擎搜索到的帖子。

要做得正确

　　eBay 是如何快速地在成千上万的拍卖条目中找出拍卖

世贸中心瓦砾这条帖子的呢？显然是借助于实时信息，但不是有关帖子的实时信息。帖子上传速度非常快，以致需要大量的员工来监控所有的帖子，这会导致 eBay 利润的降低。梅纳德·韦布和他的团队意识到监控所有拍卖者的帖子在逻辑上是根本不可行的，但是为了保护 eBay 的品牌形象，必须快速找到出售令人厌恶的商品的帖子。虽然，eBay 拥有一大群忠诚的用户，会在发现网站被滥用（如欺诈性的帖子和报价，以及令人厌恶的材料）时通知 eBay，但韦布觉得在这种情况下，公司应表现出一个主动的而不是被动的形象。1999 年，韦布意识到需要监控的先期事件应当与新闻报道相关。一组人员（eBay 口头上称其为看门人）通过实时监控这些新闻来源，就能够预测现在和监督与轰动性新闻相关的特定帖子。通过实时地监控新闻，有效的应对措施（即删除某些帖子）便能在 eBay 社区上的大多数用户看到这些帖子前完成。

这些"看门人"负责搜寻和拦截一些在拍卖网上发布的令人反感的帖子。为了完成任务，他们不断地监测那些能够刺激卖家在网上出售令人反感的相关商品的新闻。"看门人"通过将 eBay 网搜索引擎中新增拍卖条目与已知一些新闻事件中的相关因素进行比较，他们便能够很快地识别和处理那些有问题的帖子。当无法确定某条信息是否适宜时，"看门人"就会通过事先确定的上报程序将该条信息提交给上级来决定是否该从 eBay 网站上将其删除。9 月 11 日的早晨，必须由韦布对此进行定夺——那时，CEO 梅格·惠特曼

第五章

(Meg Whitman)正在亚洲旅行。他决定将拍卖世贸中心瓦砾这一帖子从网上删除,而世贸中心的纪念品如海报、雪球仪和模型等可以在网站上保留。

  2003年初,当哥伦比亚号航天飞机返回地球时,在得克萨斯州上空爆炸,eBay的实时消息监控系统又一次得到考验。2月1日东部时区上午9点,位于休斯敦的美国宇航局(NASA)监控中心的语音和数据遥感勘测系统和哥伦比亚号失去联系。这时,得克萨斯州居民看见一个在高空飞行的飞行器在空中疾驰而过,同时听见巨大的爆炸声。9点31分,美国宇航局宣布针对哥伦比亚号航天飞机失事的搜救工作开始启动。[24] 10点54分,在宇航局监控中心和哥伦比亚号失去联系1小时54分钟后,eBay网上就出现了哥伦比亚号航天飞机残骸的拍卖信息。在10点54分和出售商品的页面更新中间(通常eBay网在1-4小时更新一次),易趣网出现了一次正常的延迟。12点15分,哥伦比亚号航天飞机残骸的拍卖信息就被网站检测到,并且被立即删除。在这次事件发生后的很短时间里,又有五条相关的拍卖信息出现,都在发布几分钟后便被删除。[25]

小结

  本章讨论的关于五家公司的实时信息的真实案例清晰地展示了企业充分利用实时信息结束意外事件的好处。虽然这些公司在完成实时机会探测的过程中,对技术的依赖程度有所不同,但它们都是集中关注当前有限的一些信息,从

被克服事件：正确处理

而避免突发事件并充分利用机会。同时,这些企业都是在经营过程中部分地应用了实时信息和实时机会探测的原则。威特斯欧公司并没有实时跟踪所有的购买信息,而福特公司也只是刚开始考虑跟踪实时销售信息。尽管这些公司采用实时管理取得了一些成就,然而它们都不是真正意义上的实时企业。第三部分将探讨在整个企业中实施实时机会探测的必要步骤,以及企业将从中获得的益处。

第三部分　从实时机会探测到实时企业

HEADS UP

如果你去查看 19 世纪建造的任何一家工厂的平面图,你会发现它们的形状都像字母 T。设计成这种形状的原因是机器都是由水轮带动的,后来改由蒸汽驱动。轮子或发动机被放置在 T 型顶部,带动着一个很长的可以穿过厂房的传动轴承(见图 P-3)。传动带把每个机器和传动轴承连接起来,当这个共用的轴承开始转动时,所有的传动带开始运转,然后带动机器工作。

图 P-3

19 世纪典型的以蒸汽作为动力的工厂的平面图,向我们展示了工厂的机器是如何分布的。

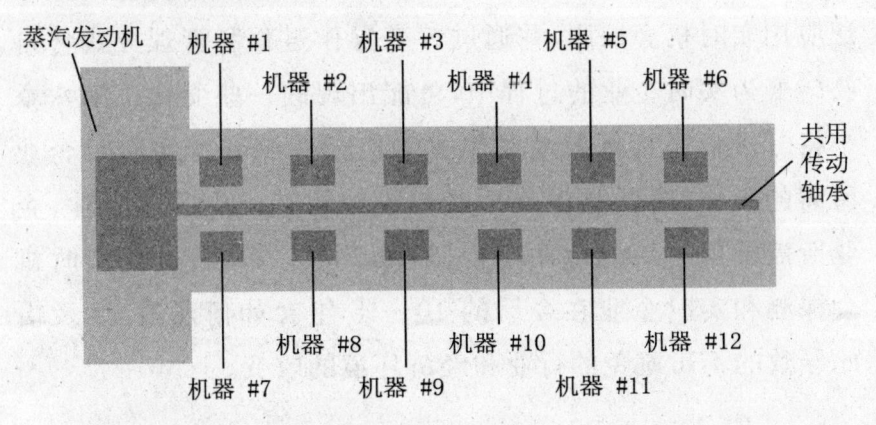

根据斯坦福大学经济学教授保罗·A.戴维(Paul A. David)所说,当独立的电力发动机代替了共用传动轴承时,人们期望的生产效率的提高并没有出现。事实上,戴维教授的研究指出,要想显著地提高生产效率还需要 40 年时间。[1] 阻碍生

153

第三部分

产效率提高的关键因素是工厂管理者始终把机器按原来的位置摆放,而没有重新安装机器以提高生产效率。

福特、eBay 和其他企业所采用的实时机会探测,为企业成功提供了真实的机会。然而,就像 19 世纪的工厂需要真正的变革来提高生产效率一样,如果企业希望从实时机会探测中获取最大化的利益,那么它们就必须进行真正的变革。虽然对实时信息和实时机会探测的有限应用对企业是有利的,但是只有在企业所有最关键的运作过程中都实施实时机会探测,实时信息才会为企业带来真正的改变。为了广泛应用实时机会探测,企业必须在组织结构、风险管理、公司负债和其他相关问题上重新审视其政策、实践和流程,并愿意对其中的任何或全部方面进行改革。

本书第三部分将讨论的是:当企业在所有主要业务中广泛应用实时机会探测,并通过改变操作过程和管理方式将自己转变为实时企业的过程中,可能出现的一些变化。第六章中将分析企业从有限地采用实时机会探测转变为实时企业所需的步骤;第七章将分析要想成功地转变为实时企业,企业所需承担的新的角色与责任;最后,第八章将分析实时机会探测和实时企业在今后的 10—15 年会如何发展,以及由此导致的不可避免的行业和经济环境的改变。

第六章 坚持到底：
在整个企业内部
实施实时机会探测

为提高企业对突发事件的高效、快速的应对能力，实时企业既要致力于在所有关键的企业流程中实施实时机会探测，也要努力通过再造这些流程来进一步改善企业绩效。

琥珀木家居建筑公司、德累斯顿银行、威特斯欧公司、福特汽车公司以及 eBay 公司在实时机会探测方面表现得都非常卓越。它们都非常明确在企业的哪些领域获取实时信息，并将这些实时信息传递给恰当的管理者，对改善企业经营绩效具有显著的影响。但这只是万里长征的第一步，要成为实时企业并解决企业的所有突发事件，它们还有很长的路要走。实施实时机会探测仅仅是通往实时企业的道路上三个主要步骤的第一步。要想成为实时企业，企业既要能够实

第六章

时地探测任何影响企业关键过程的事件,又要提高对这类事件的应对能力。

成为实时企业

构建实时企业需要经过三个步骤：

步骤一：在某些领域进行实时机会探测；

步骤二：在整个企业内进行实时机会探测；

步骤三：通过对企业流程进行彻底改革以提高组织的应对能力。

虽然上面这三个步骤在逻辑上有所不同并且呈现递进关系,但在实践中,三个步骤之间的界线并不是很明显。从公司的角度来看,如果立刻进行实时机会探测,可以将步骤一和步骤二进行合并。步骤二和步骤三也可以同时进行。事实上,许多公司都是将这两个步骤合并进行的,它们重新设计企业流程,使实时信息得以产生,从而能够实施实时机会探测。显然,这种步骤合并是非常必要的。

在第二部分中,我们主要介绍了步骤一。介绍了一些原本可以通过实时机会探测而获得益处但却没有那样去做的公司,同时也介绍了五个采取了步骤一的企业,它们在整个企业运作过程中,选择某些重要的流程实施重要实时信息的捕损、监控和报告。在这一章中,我们主要介绍步骤二和步骤三。

步骤二：在整个企业内进行实时机会探测

在迈向实时企业的第二步中,企业高管和经理们将实时

坚持到底：在整个企业内部实施实时机会探测

机会探测扩展到整个企业中以便能够实时地监控企业的关键流程和关键职能。在第二章中，我们从某个管理者的角度讨论了什么样的实时信息需要监控的决定过程。在实施下一步，即把实时机会探测扩展至整个企业（这一步不是由经理而是由公司高管来负责的），以便能够监控公司最关键的流程时，我们需要对识别与验证模型进行一些修改以便进行适当的资源配置。

在公司层面优化实时机会探测的另一种方法

如果组织在公司层面上拥有一个可执行且有着很好记录的经营管理架构（如平衡计分卡或欧洲品质管理基金卓越模型）的话，用另一种方法去集中公司全部力量在全公司范围内推广实时机会探测便完全可能。鉴于这些管理架构已经确认了公司的整体发展目标和首要任务，那么公司高管便可以很容易地将这些指标直接放入识别和验证模型中，以便确定应当对哪一种指标进行实时监控。使用这些指标可以提供一条捷径来确定公司的目标和首要任务。

采取这种方法的另一个好处是可以用它对管理架构在公司的执行情况进行客观的检查。各个管理架构的执行指南都表明每一个管理者的管理目的应当与公司的衡量标准直接相关。当利用识别模型评估公司公衡量标准时，便会经常发现其中有许多衡量标准的事件——影响时滞太

第六章

> 短,以致无法对一些具有影响的事件作出适当的应对。另外,利用验证模型的既定方法来确定原因性事件是很有必要的,因为这样管理者便可以借此对管理架构的实施方式及情况进行有效的检查。如果某个公司绩效衡量标准的原因性事件在某位高管的绩效架构或他们的报告中没有得到反映,那么经理的绩效衡量标准便需要被重新审视。

正如一个管理者不能同时获得每个重要衡量标准的实时信息一样,任何组织也不可能同时对其全部主要流程进行实时监控,因此进行优先次序排定非常必要。识别与验证模型的一个主要功能就是选择优先信息进行实时监控。具体地讲,在这些模型中,管理者至少要经过两次优先性过滤。首先,在识别模型的第二步中,管理者确定了优先发展目标;其次,在验证模型的第四个问题中,通过各个因素对公司的影响大小来确定对什么信息需要优先实施实时监控。然而,公司层面的优先次序排定要求对这些模型进行一定的修改。在这种情况下,各因素对公司的影响不再是在最后予以考虑,而是在识别模型的第二步中作为确定首要目标的工具。也许完成这个步骤最简单的方法就是考察公司十个最大的产生收入或者支出的过程。任何不能直接影响企业"十大"的过程都不能作为整个公司实时机会探测的焦点。这并不意味着只有影响公司十大收入或支出的信息才是值得实时监控的。然而,影响公司十大收入或支出项目的信息应当是优先考虑的,这些信息也是推广实时机会探测的最好起点。

但这种方法有一个必须引起重视的副作用：由于"十大收入或支出"的数量太多而且不够集中，将这些信息转换成实时信息的过程实质上包含了很多的子过程，这就需要很多管理者参与到预测现在中来。这也是为什么在进行优先次序排定时要考虑对公司的影响的另一个原因。

对识别与验证模型所作的第二个修正涉及选择正确的衡量标准来衡量优先选定的公司目标。之所以要进行修正是因为参考点不再明显。虽然在第二章中我们探讨了选择精确的并可持续监测的衡量标准的必要性，但我们并没有具体探讨为什么要选择有意义和可用的衡量标准，因为从单个的角度看，衡量标准是否有意义或可用都是显而易见的（管理者不会选择他不理解的衡量标准）。然而，当在整个企业中扩展实时机会探测时，许多高管或经理都能够获得关于某一核心企业流程的信息，而他们可能会选择不同的衡量标准来获得这些信息。因此，对于每一个优先选定的目标，都需要选择某个经理或高管作为参考点，而这一选择也决定了最终的衡量标准。

怎样确定参考点呢？可以从一个不相关的途径——罗马天主教的社会思想（Roman Catholic social thought）中获得解决这一难题的灵感。罗马天主教观点中有关组织的主要原则就在于辅助原则（principle of subsidiarity）。它是这样表述的："可以由更小、更简单的组织完成的事情就不要由更大、更复杂的组织来完成。"[1]将该原则用于管理过程中就意味着应该将权力下放到能够有效地实现期望结

第六章

果的最低层面。相反的命题也是正确的,权力或责任不能下放到最能够实现公司首要目标的管理层面之下。在这种情况下,要确定公司首要目标的合适参考点,便必须回答这个问题:哪个实时信息的接受者能够利用该信息作出最佳的应对。

让我们以第二章中的寿司船为例说明这个问题。上次介绍该案例时,船长已经通过实时监控制冷水平完成了成为实时企业的第一步。这使他能够对那些可能阻止他达到首要目标——使货舱中的鱼保持新鲜——的事件作出有效的应对。然而,让我们把这个寿司船想象成船队里众多船只中的一个,这个船长,并不是该企业的CEO,而是实现公司向东京市场提供新鲜金枪鱼这一目标的高管之一。当这个企业实施成为实时企业的第二步时,面临着一种诱惑,即把现存的实时信息传递给其他管理者——在这个例子中,就是要向船队中的每个船长提供实时制冷监控。而实际上,当进行步骤二时,应当重新考虑实时信息的参考点。设想有一个船队司令,相当于企业中的COO,他控制着这个捕鱼企业的全部船只。再设想该司令知道所有船只的具体位置。如果制冷系统在某条船上失效,那么司令便可以命令该船长与另一条制冷设备完好的船只会合。

在本例中,重新选择参考点确实很重要。如果上面提到的会合可以在四小时内完成,那么就必须重新考虑所监控的指标。在本例中,监视温度水平就会为有效的应对提供充足的时间(回想一下,金枪鱼在12小时后会腐烂变质)。因此,

坚持到底：在整个企业内部实施实时机会探测

这个渔业企业在步骤二中不必在所有的船只中安装设备监控制冷水平，而只需改变实时监控的对象，即为司令提供整个船队冷藏温度的实时信息。另外还有一个好处就是和为许多不同的船长提供制冷水平实时监控相比，这种方法的成本要低得多。

乍一看，这好像是在限制实时信息流动，为只向最高管理者提供实时信息进行辩护，但事实并非如此。为司令提供温度实时监控也能够为每个船长提供这个实时信息。〔事实上，如果船长们共享了信息，那么他们就可以承担起"分析"的职能（监控、捕获、分析、报告、应对），只在温度超出了可接受的范围时向司令报告实时温度信息。〕因此，合理运用参考点原则并不会增强或纵容只对少数特权人提供实时信息的想法；相反，它将有利于确定最节约成本的指标，并在更大的范围内分享信息。（回顾我们在第四章里介绍的关于西尔斯和波音的例子中，由于没有在大范围内报告消息——突发事件不但没有被解决，反而变得更加严重了。）

让我们以大型公立大学的应收账款处理过程为例来说明利用参考点选择正确指标的必要性（见图 6-1）。大学里财务部门的分析师使用识别与验证模型，开始实时凭单登记跟踪，以使这些发生的项目与预算规划的目标相吻合。然而，一旦大学决定实施通往实时企业的步骤二，它就必须评估这种财务信息中什么信息是最好的参考点。在评估中，由审核官或教务长（相当于 CFO 和 COO）决定对没有在预期的路线上记录的财务数据实施较好的应对措施，因为这些审核

第六章

图 6-1

一个简单的应付账款处理过程列示出高管和经理可能需要不同的指标。

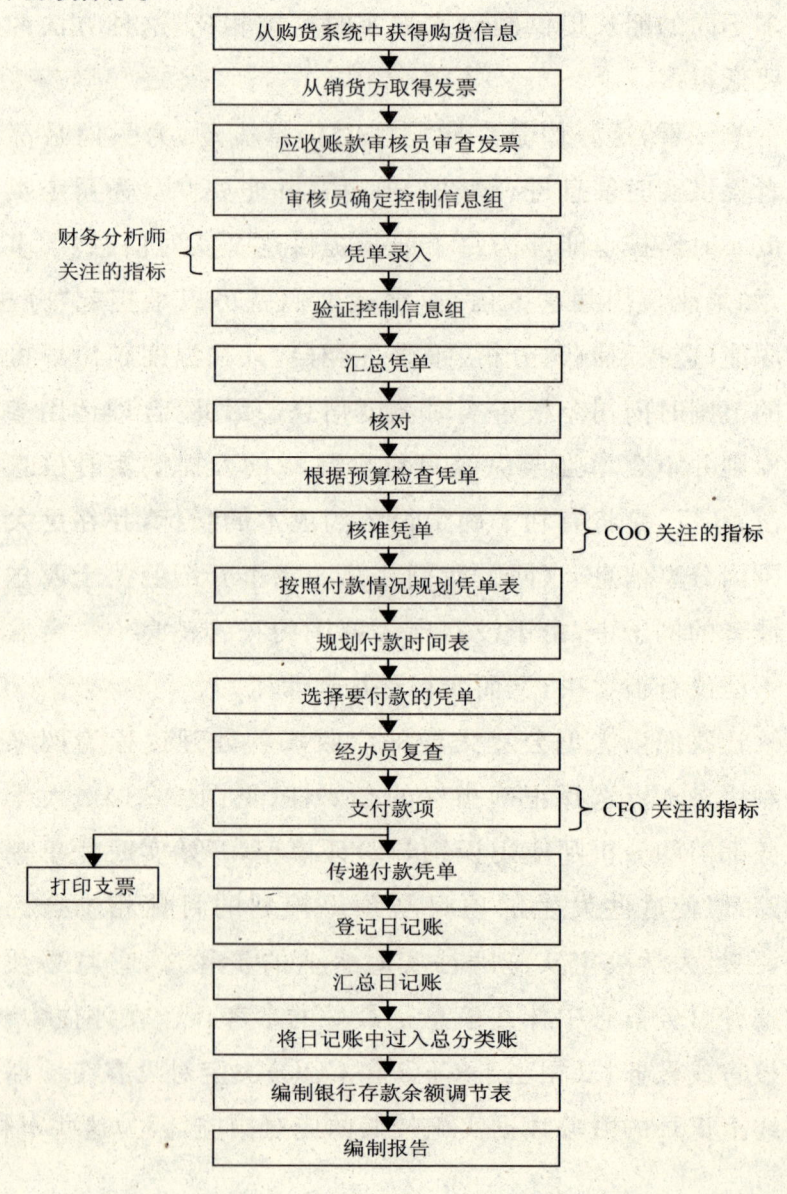

```
           ┌─────────────────────────┐
           │  从购货系统中获得购货信息  │
           └─────────────────────────┘
                      │
           ┌─────────────────────────┐
           │     从销货方取得发票      │
           └─────────────────────────┘
                      │
           ┌─────────────────────────┐
           │  应收账款审核员审查发票   │
           └─────────────────────────┘
                      │
           ┌─────────────────────────┐
           │   审核员确定控制信息组    │
           └─────────────────────────┘
                      │
   财务分析师 ┌─────────────────────────┐
   关注的指标 │        凭单录入         │
           └─────────────────────────┘
                      │
           ┌─────────────────────────┐
           │     验证控制信息组       │
           └─────────────────────────┘
                      │
           ┌─────────────────────────┐
           │        汇总凭单         │
           └─────────────────────────┘
                      │
           ┌─────────────────────────┐
           │         核对           │
           └─────────────────────────┘
                      │
           ┌─────────────────────────┐
           │    根据预算检查凭单      │
           └─────────────────────────┘
                      │
           ┌─────────────────────────┐
           │       核准凭单          │ }  COO 关注的指标
           └─────────────────────────┘
                      │
           ┌─────────────────────────┐
           │  按照付款情况规划凭单表   │
           └─────────────────────────┘
                      │
           ┌─────────────────────────┐
           │     规划付款时间表       │
           └─────────────────────────┘
                      │
           ┌─────────────────────────┐
           │    选择要付款的凭单      │
           └─────────────────────────┘
                      │
           ┌─────────────────────────┐
           │       经办员复查        │
           └─────────────────────────┘
                      │
           ┌─────────────────────────┐
           │        支付款项         │ }  CFO 关注的指标
           └─────────────────────────┘
              │       │
   ┌────────┐ │       │
   │ 打印支票 │←┘       │
   └────────┘  ┌─────────────────────────┐
              │      传递付款凭单        │
              └─────────────────────────┘
                      │
           ┌─────────────────────────┐
           │       登记日记账         │
           └─────────────────────────┘
                      │
           ┌─────────────────────────┐
           │       汇总日记账         │
           └─────────────────────────┘
                      │
           ┌─────────────────────────┐
           │  将日记账中过入总分类账   │
           └─────────────────────────┘
                      │
           ┌─────────────────────────┐
           │  编制银行存款余额调节表   │
           └─────────────────────────┘
                      │
           ┌─────────────────────────┐
           │        编制报告         │
           └─────────────────────────┘
```

官或主管拥有更为广阔的视野。处于这两个职位的人都能够根据学校的一个部门与另一个部门的预算要求来平衡预算的各个项目。然而,对于审核官来讲,合适的监控指标并不是凭单登记,而是凭单核准。凭单登记并不是他的工作内容(直到凭单被批准了,他才会采取行动),而且在凭单批准阶段对其进行监控,可以使他有足够的时间在时间表中安排这些凭单的支出时间以便实现组织目标。对于学校教务长来讲,适当的指标可能是所发生的支出,因为只有他发现了真正的资金支出,他才能有足够的时间作出适当的应对。现在,这些高管们开始决定谁能够在保证组织目标实现的过程中出色地应对各种情况。这个决定最终可能由获取数据的成本所决定(凭单登记、凭单核准等等)。

正如这些例子所描述的,当一个组织开始在整个企业扩展实时机会探测时,参考点以及监控的指标会与最初实施实时机会探测时有所不同。但是这种变化很少是对原有实时监控努力的否定。在大多数情况下,确定更好的参考点,仅仅意味着为了获取更大的公司利益需要修正方案的某些方面,而且最初的衡量指标会被业务过程中上游或下游的另一组指标所代替。只要可能,这些新的被选择的监控指标都应与开始实施实时机会探测的经理们分享。在大多数情况下,他们可以继续预测现在,即使他们所偏好的指标不再是重点。越是分享更多的企业指标,就越可能将被怀疑事件转化成被克服事件。

第六章

步骤三：改善企业经营流程以提高组织的应对能力

最后一步是在整体上洞察应对过程并关注与消除所有不必要的和代价高昂的延迟。尽管实时机会探测能使单个管理者对其组织产生积极影响，然而为了使整个组织能发现最大的成功机会，对决定性数据的实时捕捉必须与改进的组织结构、新型的管理方式以及再造的经营流程结合在一起。实时企业的竞争优势将来源于实时监控报告经营事件的能力与对事件的迅速应对能力的结合。

值得一提的是，即使在实时企业中，应对措施也不必实时作出（正如在第一章中提到的，过快反应可能会弊大于利）。成为实时企业的真正变化是大幅提高了采取适当应对措施的决策能力和应对措施的执行能力。

有些人小看了实时企业的转变，将其视为经营流程再造的翻版。这里有一个重要的事实，即向实时企业转换确实需要对企业的许多流程进行再造。我们不得不运用某些技术再造那些阻碍实时信息获取的操作流程（如同威特斯欧公司和琥珀木家居建筑公司所做的那样）。然而，除此之外，为了提高企业的应对能力，一个实时企业不能仅仅为提高效率去再造应对过程。企业重新设计经营流程的目的既是为了充分利用实时信息，也是为了产生使更多的实时机会探测成为可能的实时信息。这一点是非常关键的。在许多现代企业中，有的企业流程仍像黑匣子一样运转——某个任务一旦开始，直到结束时才能知道其进展状况。如果企业流程还不能

坚持到底：在整个企业内部实施实时机会探测

提供实时信息,便需要重新再造与修正这些重要的流程,以便持续获得其进展方面的数据。

让我们回顾一下第一章曾使用过的图形,以便更为清晰地说明实时机会探测(见图6-2)。实时机会探测仅仅关注如何确保企业监控了正确的事件,并进行实时报告以便获得最多的应对措施备选方案,但却完全没有检测应对过程。将企业转换为实时企业的步骤三的重点主要集中于改进应对过程:评估可能的应对方案,在可能的应对方案中作出选择,并执行该方案。拥有迅速应对能力的结果就是应对措施备选方案的数量又增加了。

图6-2

变成一个实时企业需要关注企业对各种事件作出有效应对的能力。

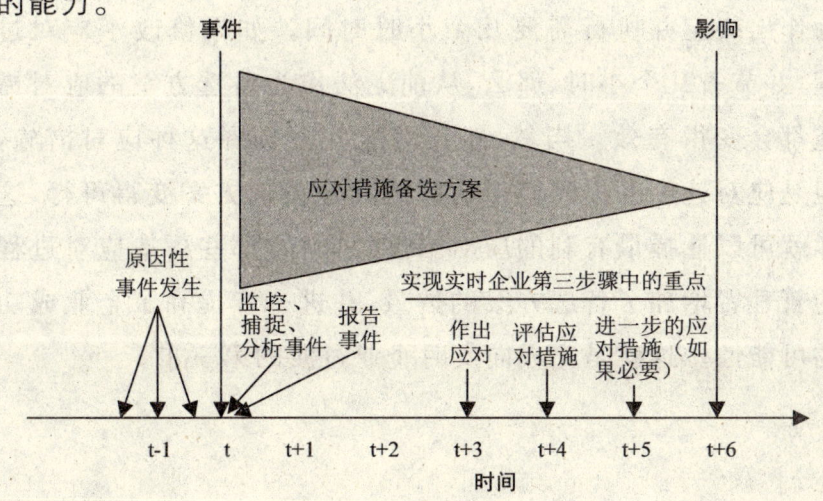

第六章

在前面,我们使用寿司船制冷设备失效的例子展示了实时机会探测如何增加可能的应对措施备选方案。这个例子假设了船长能够立即作出正确的应对并毫无延误地贯彻执行应对措施。然而,在一般的企业中,这个过程经常需要几周的时间,因为需要安排会议,取消会议,再重新安排会议,设计计划并反复修改,最后还要等待批准。如果情况像下面所述的那样发展,那么这个例子就与企业的真实情况更接近了。船长发现制冷设备失效,他召开会议讨论失效状况、失效原因以及可能的补救方法。经过几小时的讨论,大家一致同意返回港口。接下来他们又进一步讨论返回港口的最佳路线。最后,在选择了最佳路线之后,该应对措施得以实施。

回顾在最初的例子中,船长实时发现了制冷设备失效,他并没有选择返回港口,因为航行消耗的时间多于12小时,在他到达目的地前,金枪鱼就会变质。然而,也许他们无法在允许的时间内返回港口并不是因为航行时间过长,而是因为作出决定并执行需要几个小时时间。如果修改了应对过程,并节省几个小时,那么,从前无法作为备选方案的应对措施都会变得有效。当然,船长可能并不选择这种应对措施,但是应对速度的提高使得这种或其他备选方案变得可行,这样就可以选择最有利的应对措施。同样,那些再造应对过程的管理者增加了备选方案的数量,并进一步提高了企业成功的可能性。这就是完成向实时企业过渡的第三步。

警告之词

不幸的是，许多管理者都会完全跳过步骤一和步骤二，只是关注步骤三，即再造应对过程。这与同时进行步骤二和步骤三是不同的。许多公司都在努力使自己变得更加灵活并能对变化作出快速应对。不可否认，迅速应对会为企业带来好处，但是迅速作出应对的组织却依然会成为经营风险的受害者。在许多情况下，迅速应对会使企业逃脱一场由不可意料的市场变化引起的灾难。但是有时候，直到影响产生后，这种变化才会被发现。这时，迅速应对只是对消除事后影响起到作用。以驾驶汽车为例，仅仅关注迅速应对如同训练自己更快速、更有力地刹车，而不是寻找其他方法确定交通灯是否改变。及时刹车是避免了灾难，但是其他条件依然持续着。

我们用音频产品（如耳机）制造商为例来说明企业如何通过改进应对时间，而不是实时机会探测而获益。某个公司（我们称其为音频公司）2002年收入的97%是通过制造音频产品获得的。按照CEO的说法，大约5年前，公司遇到了生产上的难题。从国外进口的原材料经常无法按时运到，20世纪90年代末迅速发展的经济使企业发现难以找到足够的劳动力来满足对音频产品的需求。这些问题使得音频公司的"实时"生产总是滞后于需求。然而，最令公司感到吃惊的问题是其零售商以一种不稳定的方式来订购产品。公司COO表示："当企业拥有大量通过中间商联系的要求增加产品数

第六章

量并交付到发货中心的订单时,我们就无法满足它们。"[2] 上述这些因素以及其他外部因素导致每月末都有大量的退货的单子。

为了减少延迟履行顾客订单的情况,并避免因不能及时送货而被退货,领导层决定将价值1 500万美元的库存原材料转化成产成品,以便于提高企业的应对能力。因此现在,当音频公司接到了订单,顾客不必再等待产品;公司几乎可以立即付货,从而满足了重要顾客的需求。然而,虽然销售量提高了(因为企业不必拒绝订单),而且顾客满意度也提高了,但是企业依然很容易受到突发事件的影响,比如需求迅速下降或者零部件价格迅速下降。因此,企业大力投入其资源只能使其对一种且仅仅是一种情况作出有效的应对,即订单增加。企业不能获得实时企业所应该得到的所有好处。

看一下远程预警防线与马其诺防线(Maginot Line)之间类似上述的区别。二战之前,拥有马其诺防线的法国并没有利用其资源探测到德军可能的入侵行动,而是将该资源用于快速防御德军从某一特定方向(从东部)的入侵。因此当德军从北部而不是东部入侵时,法国就完全不能应付了。相比之下,远程预警防线集中于侦察识别,而不是应对,这使得美国能够防御前苏联的所有侵袭,除非前苏联通过穿越北极发动侵袭。军队能够运用同样的资源来应对各种有可能出现的威胁。

努力从应对转向探测

企业直接跳到第三步的现象之所以如此普遍,可能是因为大多数行业和企业文献都将注意力集中在应对方面。如果将企业所有业务归为最简单的术语,那么企业内所有部门的业务都可以归结为三个阶段的循环:(1)售前活动;(2)售中活动;(3)售后活动。

售前活动发生在出售产品或服务之前。比如对潜在或现有消费者进行营销,以及进行市场调研以确定消费者行为和需求。售中活动包括1 300多万个销售员所做的工作,他们将营销、调研以及其他售前活动转化为收入。最后,售后服务则包括完成产品或服务的销售(服务传递、产品制造、发送货物等)以及相应的企业管理、行政管理、法律、培训和其他帮助完成销售的活动。美国劳动部门的就业统计(见表6-1)显示,绝大多数的工作属于第三类。

如果大多数就职于私营经济部门的人都从事售后工作,那么大多数组织和管理的注意力、结构、理论和实践都与那些产品或服务售出后的努力有关就不足为奇。由于售后活动占据如此大的比例,因此即使不是遗传,对事件(如产品和服务的销售)作出应对也已成为我们的第二天性。对于管理者来讲,为了将企业成功转变为实时企业,他们必须抵制诱惑,不能固守那些他们已经习惯并熟悉的操作过程,并且需要建立一个新的思维模式,认识到通过预测现在和实施实时机会探测来努力提高应对能力

第六章

的价值。

表6-1 2000年按职业分类的就业情况

职业	人数
管理	7 212 130
商业和金融事务	4 676 690
办公及行政支持	22 798 460
电脑及数学	2 825 820
建筑及工程	2 489 040
生命、心理及社会科学	1 067 750
社区及社会服务	1 523 940
法律	909 360
教育、培训及图书馆	7 658 800
艺术、设计、娱乐、体育及媒体	1 508 730
健康护理从业者及技师	6 118 880
医疗保健支持	3 123 160
保卫服务	2 958 050
食品加工及销售	9 917 790
建筑及场地的清洁及保养	4 275 660
个人医疗保健及服务	2 801 640
销售及相关活动	13 418 770
农业、渔业及林业	453 010
建筑和提炼	6 239 250
安装、维护及维修	5 322 980
制造	11 270 180
运输及材料移动	9 410 340
合计	127 980 430

资料来源：美国劳工统计局，劳工部。

抵制仅仅关注应对措施的倾向，获得一个新的思维模式要求企业全身心的投入。成功地对文化规范作出如此巨大的改变也许是人们职业生涯中最艰巨的任务。因为已经开始向实时企业过渡的企业并不多，所以知道这项任务难度的高管团队也不多。然而,由 CEO G. 理查德·瓦格纳(G. Richard Wagoner)领导的通用汽车的高管团队,充分了解将文化变革融入企业以使其成为实时企业的困难。如果瓦格纳和他的高管团队所做的一切都进展顺利的话,通用汽车可能是从成为真正实时企业所需要做的三个步骤中获利最多的企业之一。

早期警告

1998 年,当理查德·瓦格纳从北美区域总裁升任 COO 时,他便非常清楚,尽管通用汽车是美国十大企业之一,然而它的未来却难以预料。在担任北美区域总裁工作前,瓦格纳曾任职于通用汽车公司财务部,后又升为公司 CFO,当时的工作给了他大量的警示。通用汽车悠久而显赫的历史就使它比其他企业尤其是它的主要国外竞争对手们存在更多的问题——通用公司有大量的退休职工,并需向他们支付退休金。事实上,通用汽车的个人养老金计划在美国是最大的。在 1998 年,该计划少筹集资金达 20 亿美元,这意味着计划中的基金不足以满足预期的责任(见图 6-3)。[3] 这个数目,相当于零售商 Bed、Bath、Beyond 每年收入的总和。如果考虑 5 年前(1993 年)的情况,数字更加惊人,资金缺口大于 180 亿美元,而今已超过 190 亿美元。(从 1995 年至 1998 年以及 1998 至 2002 年的变化主要是由于牛市和熊市的影响,尽管在牛市期间,通用汽车公司将 400 亿美元用于养老金,情况依然很糟。)

第六章

图 6-3

通用汽车公司 2002 年养老基金赤字近 200 亿。

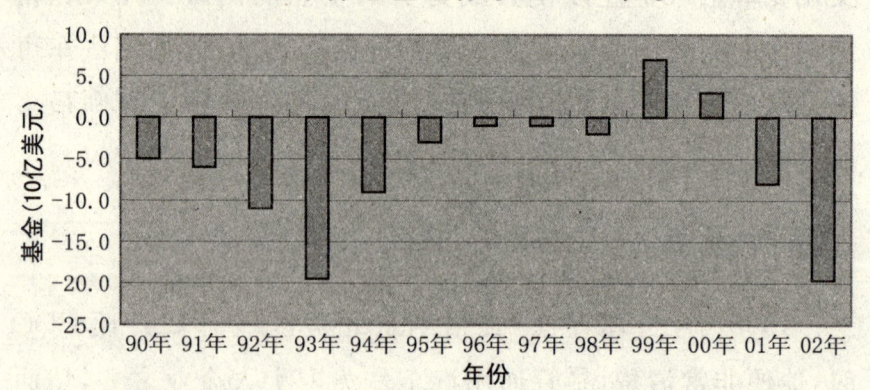

资料来源:通用汽车公司各年度上报给证券交易委员会的资料。数据取自 http://www.gm.com/company/investor_information/sec/ (2003 年 3 月 22 日查阅)。

此外,通用汽车公司每年用于在职和退休员工的医疗保健成本超过 50 亿美元〔多于欧文斯·康宁(Owens Corning)公司、巴诺(Barnes & Noble)公司或都乐食品(Dole Food)公司的年收入〕。按瓦格纳的说法,"我们公司的固定成本巨大,这使我们更加重视获取更多的现金收益"。[4]

然而,那时候通用汽车公司在获取现金方面形势很不乐观。通用汽车公司在美国的市场份额在 40 年来稳步下降,从 50%降至 30%(见图 6-4)。[5]更糟糕的是,在 20 世纪 90 年代,通用汽车公司的生产能力(按照生产一台汽车耗费的人工工时来计算)已经明显落后于其他汽车和卡车厂商,而且其主要产品的质量也落后于其他厂商。总的来讲,形势一片灰暗：迫切需求自由现金流，但和竞争对手相比，汽车销量和单车利润同时下降。另外，由于产品质量不能满足顾客需要，顾客流失现象越来越严重，从而降低了未来增长的可能性。这些还不包括对通用汽车公司产品设计的批评，许多消费者都对其设计感到厌烦。

图6-4

自2001年起，通用汽车公司在国内卡车市场的份额在十多年以来第一次连续两年增长。

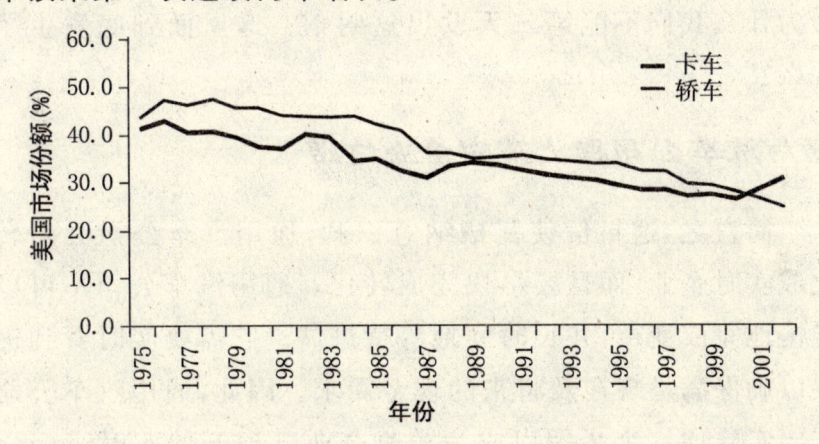

资料来源：美国汽车制造商协会，"通用汽车公司提供的旅行车零售市场份额；美国汽车市场的份额"，http://www.economagic.com/em-cgl/data/exe/aama/t4s3（2003年3月17日查阅）；通用汽车公司，"历史市场份额"，销售和生产报告，http://www.gm.com/company/investor_information/sales_prod/index.htm（2003年3月17日查阅）。

虽然养老金计划缺乏资金这颗定时炸弹在几年内不会爆炸，但是瓦格纳发现，即使拥有较长的事件——影响时滞，通

第六章

用汽车公司也没有能力回应其面对的挑战。在他刚刚晋升为COO（瓦格纳在2000年成为CEO）之后，他的办公桌上放着一封阐明通用汽车公司未来之路的信件。"有人给我的老板〔杰克·史密斯(Jack Smith)，在1998年是通用汽车公司的CEO〕一封信；他将这封信交给我，而我又将它转交给其他人，让他们对此给出一个答复。一个月以后，我终于得到了答复，那是一封写给来信人的回信，信中说：'谢谢你的建议。我们想研究一个月，然后再答复你。'这一回复重重地敲击着我的心。我想，如果我们都说我们将在一个月内答复你，那么为什么我们不能第二天发出这封信？这里面到底发生了什么？"[6]

通用汽车公司踏上实时企业之路

简言之，这封信使瓦格纳意识到，通用汽车公司必须转化成实时企业，而且要尽快完成转化。通用汽车公司不可以慢慢地完成变革，并长时间地等待进展。它需要实时看到进展以确保满足现在及将来的现金需求。因此，通用汽车公司需要实施这三个步骤以成为实时企业：(1)开始实时机会探测；(2)将实时机会探测推广到整个企业；(3)提高组织的应对能力——同时，从质量的实时监控向改变公司文化转变。基于十年的提高生产率的努力，通用汽车公司开始在两个关键的流程中运用实时信息：生产和销售。

第一步和第二步：提高生产率，提高质量，恢复销售额

两组主要的衡量标准帮助确定汽车生产过程的整体效

果：生产率和质量。汽车行业测定质量和生产率主要依赖的两个独立机构分别是 J. D. Power and Associates 和 Harbour and Associates。两种衡量标准必须保持协同，以确保不会顾此失彼。通用汽车公司的通信主管（communications director）帕特·莫里西（Pat Morrissey）说："如果产品的质量提高了，但是生产率却下降了，那就意味着你雇用了更多的人去完成工作。"[7]那就不会满足通用汽车公司的现金需求。正如莫里西所说的，相反的情况同样是不可取的——汽车产量确实提高了，但由于汽车质量不高，没有人再会买它们了。

　　通用汽车公司面临着进退两难的困境。由 Harbour 公司和 J. D. Power 公司提供的衡量生产率和质量的关键行业标准是滞后的。例如，J. D. Power 公司的结果每年发布一次，因此总是在影响产生之后，才提示汽车生产存在质量缺陷——这样，通用汽车公司就又有了一个不满意的顾客。通用汽车公司的高管层意识到如果他们想快速提高质量和生产率，就需要掌握生产过程的实时信息以便能够及时发现问题并作出应对。20世纪90年代末的努力就为实时监控生产率提供了一个基础。为了确保质量标准同样严格，并且能在质量问题为消费者带来不良影响之前及时发现这些问题，通用汽车公司开始在其所有工厂实时跟踪一个内部质量指标——直接成品率。衡量直接成品率的初衷是确保不会因为提高生产率而对质量产生不利影响。为了计算直接成品率，通用汽车公司在汽车生产和组装的三个独立阶段对每辆汽车都实施了质量检查，以确定所有汽车在每个阶段通过合

第六章

格品考核的百分率。[8]确定了三个结果之后,将这些结果相乘就得出一个最终的直接成品率:

直接成品率＝第一阶段的合格品率×第二阶段的合格品率×第三阶段的合格品率

在忍受了20世纪90年代中期40%—60%的低直接成品率后(比如直接成品率为51%,是由三个阶段的合格品率80%、75%和85%相乘得到的),2002年,通用汽车公司所有28个生产工厂都达到或超过了85%的直接成品率。正如通用汽车公司北美区总裁加里·考沃(Gary·Cower)所描述的,"必须在整个工厂中生产出超过95%的合格品率的汽车才能获得85%的直接成品率。"[9]实现这一目的关键点就是提供大量关于直接成品率的实时信息。

为了使员工能时刻了解工厂的直接成品率,通用汽车公司在每个装配厂的每个部门都安装了大型展示板。正如莫里西所说的,"工厂员工确切知道一天中所有时间的直接成品率。工厂的每个员工都知道每天工厂具体都在做些什么。而且,如果出现问题,那些存在问题的领域会被醒目地标示出。"这个体系主要集中于立即解决问题,其结果是质量得以即时提高。总之,采用这种实时质量及生产率跟踪系统使得通用汽车公司能够用更少的雇员以更快的速度和更低的废品率生产汽车,这是在通用汽车公司历史上的任何时候都不曾出现的情况,而这一措施的执行对满足通用汽车公司的现金需求至关重要。为了进一步提高其实时监控质量的能力，并在对消费者产生影响前发现并解决问题，通用汽车公司采用了源于日本的 Andon 系统（在日语中 Andon 是"灯笼"的意思）——现在这个系统已为整个汽车行业所采用。如果一个工人在汽车通过生产线时发现某个零部件或组装程序存在问题，他可以选择拉动 Andon 绳来"照亮"问题。拉动 Andon 绳就会立即通知部门管理者及时发现问题产生的原因并解决该问题。如果这个问题很严重，整个生产线就会停止从而阻止更多有缺陷的汽车进入下一个组装点。[10]

另一个需要实时监控的重要流程是销售。正如瓦格纳在2003年接受《商业周刊》采访时所说的，"通用汽车公司的目标是发展壮大。我们并不在乎是从谁那里得到（市场份额）的"。[11]销售的含义对于通用汽车公司的高管层来讲与外界设想的有些不同。通用汽车公司的销售是针对其营销网络的，而不是针对汽车购买者。瓦格纳对经销商销售额进行实时监控并将其与预测进行对比。这个信息在销售群体中广泛传播，但是尽管瓦格纳将直接成品率和生产率事宜交给了加里·考沃和其他高管们负责，他依然每天查看销售情况。当报告反映了一个并不理想的趋势时，他就会立即打电话给有关的经理。"如果销售结果偏离预测一天时间，我就会发现。如果第二天仍没有达到预测值，那我就会有点担心。如果连续三天达不到预测值，我就会打电话问：'嗨，伙计们，怎么了，我们在做些什

第六章

么？'我至少每周都会基于销售报告采取行动。"瓦格纳说。[12] 显然，这个指标对于瓦格纳来说很重要。他对销售额的关注得到了回报：在2001年，通用汽车公司在10年里第一次实现了其在北美市场份额的提高；在2002年，这一份额又进一步扩大。

通用汽车公司实施步骤三：应对市场变化并改变企业文化

和许多组织一样，通用汽车公司同时开始重新设计其企业流程以便能够处理并提供实时信息，并且提高应对实时信息的能力。在通用汽车公司，一个不具备获得或提供实时信息，更不用说作出有效应对能力的重要过程是设计新型汽车并将其投入生产的过程。

通用汽车公司的高管层知道，从20世纪90年代初起，新款汽车的创意产生、开发、生产和销售过程就需要一个大的改造。传统的过程包括七个主要步骤：

1. 最初的构思和设计（或重新设计），通用汽车人将其称做"灵光一闪（gleam in the eye）"。

2. 具体的概念设计，在通用汽车公司的设计室中完成。

3. 确定款式，完成汽车的基本设计并给出生产汽车的指引。

4. 工程设计，确定具体的制造过程和供应商的供应规格，将各零部件及装配步骤具体化，最终确定并给工厂配备新设备。

5. 样品生产和测试。

6. 开始投产。

7. 出售并分销给汽车代理商。

在 1996 年首次开始努力降低重新设计现有车型或制造一个新车型的时间之前,通用需要超过 72 个月的时间才能够完成一项新设计并将其投入市场。因此,通用汽车公司的设计一直落后于市场。诸如凯迪拉克和别克这样曾经引领整个行业的款式和设计的品牌,现在设计的汽车在投放市场时看起来也似乎有 5 年的历史了。设计过程本身就是复杂的,即使内部人都不知道某一特定的设计进行到哪个步骤了。在 20 世纪 80 年代中期,通用汽车公司曾通过创造许多独立自主的部门而将其设计过程分割开,这种部门可以监督它们各自的汽车设计与制造结果。[13] 在权力下放后不久,公司高管就发现他们希望通过权力下放来解决的问题又被新的问题所替代。正如加里·考沃所说的,"我们让全公司的人都参与开发汽车,设计制造系统,这带来了重大的问题"。

一旦完成了汽车的设计并获得批准,就需要经受一系列将设计转化成可以大批量生产的汽车的工作小组的考核。在这个过程中,10 个以上不同的小组运用 20 多个不同且独立的计算机辅助设计(computer-aided design,CAD)软件包对设计进行考核。当冲突出现时,这些小组都没有权力作出

第六章

决策。通过了这个阶段的考核之后,汽车还需要通过生产制造过程——这个过程始于确定如何建立一个工厂以便于生产特定的车辆。

为了减少通用汽车公司推出新型汽车以应对市场变化的时间,高管层必须对每个主要步骤都进行改进。公司制定了积极的目标:到2002年,将产品开发中的第一、二阶段所需时间缩减一半。据瓦格纳所说,当罗伯特·卢茨(Robert Lutz)成为通用汽车公司的新任产品开发负责人时,缩减了"灵光一闪"和确定款式之间的间隔(见图6-5)。卢茨"将很多人调出这个过程,尽快雇用设计人员并尽早将过程中的各种职能联系起来"。[14]当卢茨指定一个高管负责监督整个过程时,他们取得了重大的进展,通过加快早期概念设计阶段的决策进程大大缩减了设计过程所需的时间。

缩减产品开发下一个主要阶段的时间,即从确定款式到开始投产,包括以下几个步骤。首先,统一信息技术标准以便加强合作。通用汽车公司将其全球通信及计算机系统升级并标准化。二十多个不同的计算机辅助设计系统被一个单独的设计环境所代替,这个设计环境成为了通用汽车公司的全球标准。〔在1996年通用汽车公司雇用了首位CIO拉尔夫·西金达(Ralph Szygenda)之后,这个全球信息技术系统得到了进一步发展。〕

图 6－5

从 1995 年到 2002 年,通用汽车公司大幅度地缩短了设计和生产过程的时间。

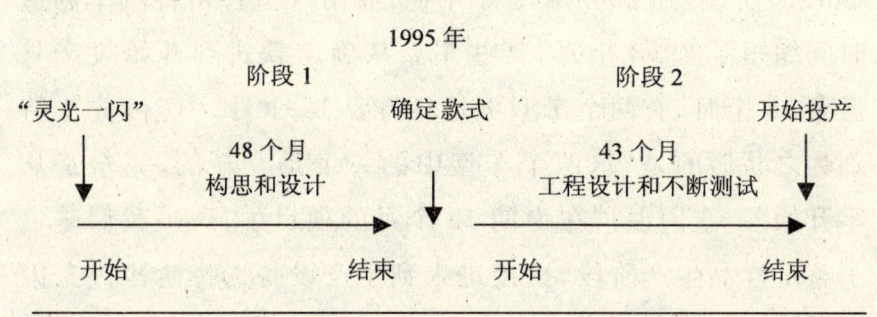

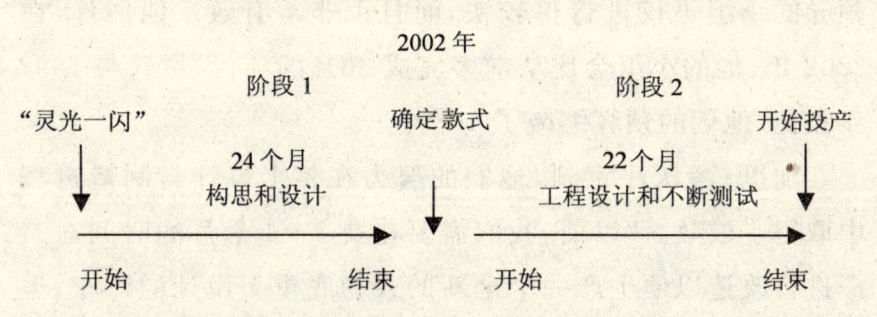

```
                    1995 年
            阶段 1              阶段 2
"灵光一闪"    确定款式            开始投产
            48 个月              43 个月
  ↓         构思和设计            工程设计和不断测试   ↓
  └──────────────────→    ↓  └────────────────────→
开始            结束    开始                    结束


                    2002 年
            阶段 1              阶段 2
"灵光一闪"    确定款式            开始投产
            24 个月              22 个月
  ↓         构思和设计            工程设计和不断测试   ↓
  └──────────────────→    ↓  └────────────────────→
开始            结束    开始                    结束
```

　　高管层也发现,如果要达到目标,他们必须在这部分进行组织变革。因此,通用汽车公司开始对工程设计活动再次进行集中管理,从而在整个公司内创造更为协调一致的设计和制造汽车的方法。据北美区汽车运营副总裁杰里·埃尔森(Jerry Elson)所说,"在 1992 年,有七个小组制造汽车。到 2000 年,只有两个:汽车和卡车生产组。在 2001 年,这两个小组也被合并成一个"。[15]最后,通用汽车公司通过任命汽车生产线负责人对每一个产品负责,从而缩短了与决策相关的延迟。这些负责人有权制定重要的决策,从而消除了通用汽

第六章

车公司曾借以闻名的官僚主义。

所有这些努力都在2001年开始获得巨大的回报。据通用汽车公司北美机械设计副总裁詹姆斯·奎因（James Queen）所说,到2003年冬季中期,通用汽车公司将汽车制造时间缩短了22.8个月,某些车型从确定款式到开始投产只需要18个月,有两个车型更是只需要12个月。[16]奎因先生特别为之骄傲的是"这两个车型中的一个是全新的,完全是从零开始"。奎因说:"在为期12个月的项目中,……我们越过了整个样品生产阶段,直接进入到生产设备选择阶段。"奎因领导的小组不仅进行得较快,而且也非常有效。他估计,在2002年,他的小组会比从前多完成30%的项目,尽管与1997年相比,他们的预算缩减了46%。

加里·考沃注意到,他们的努力在整个设计与制造过程中取得了成效。"以前,我们需要花费3—4个月的时间对工厂进行改造以便生产一个全新的或彻底重新设计的汽车,但是现在,我们可以利用灵活的生产工具在几周内完成主要的工厂改造,同时我们也有能力在逐渐引入新产品的同时生产旧产品。"

通过对汽车设计过程的再造,通用汽车公司现在可以对市场环境的变化作出更快的应对,而这正是步骤三的核心。同样重要的是,再造后的过程开始产生有关生产进程的实时信息,使实时机会探测开始被应用于这个重要的企业流程中。

但瓦格纳清楚,只是通过再造生产和设计流程来使用和产生实时信息是不够的。[17]如果通用汽车公司要对被发现的事件作出持续有效的应对，那么体现在上面所提到的有关信件的那个轶事中的整个组织的文化都需要改变。瓦格纳特别关心的是，人们只是接受他强制执行的变化，而没有真正了解变化的必要性。因此，任何变化所持续的时间只是他的注意力集中在某一特定工程的时间。相反，他希望人们能够更快地意识到，提高速度对公司的将来是必要的。瓦格纳力求切实改变这种进展速度很慢而且多年来盲目地遵循充斥着官僚作风的流程的企业文化。为了完成这个目标，瓦格纳实施了"快速行动"（Gofast!）方案。

通用汽车公司的快速行动方案始于1999年，并且在很大程度上借鉴了通用电气公司1988年实施的"合力促进"（Work-Out）方案。通用电气公司将合力促进方案作如下描述：

> 最初，合力促进方案是为了发现并消除前几年遗留下来的那些不必要的流程和任务——那时管理层次很多。重组以后，在没有彻底改变操作流程的情况下，许多部门可以用更少的人完成更多的工作。
>
> 这个名副其实的合力促进方案包括找出需要改善的领域，并把人们从所有的流程（设计、营销、生产、销售等）调集到一起以确定更好的解决方法。合力促进团队在正常的工作环境之外会面，一起讨论问题并提出建议。

第六章

团队的建议被提交给负责的管理者,他必须立即接受或者拒绝这些提议。需要进一步讨论的想法,经团队同意,可以经过一段时间(通常少于一个月)研究再作出决定。这个过程有利于鼓励积极的领导方式和员工的热情参与,这提高了组织变革的速度。[18]

通用汽车公司几乎完全遵循通用电气公司的合力促进方案。每个工作讨论会都聚焦于某一个特定小组履行的工作,以及该小组将要采取的改进措施。通用汽车公司的快速行动方案只在一个关键点上与通用电气公司的合力促进方案有所不同,而这恰好体现了瓦格纳致力于在通用汽车公司提高速度的想法。通用汽车公司选择的是每天召开工作讨论会,而不是像通用电气公司每三天召开一次会议。此外,每个相对简短的会议会迫使各部门要考虑哪些是最需要提出和解决的问题。

毫无疑问,那些多年来已习惯通用汽车公司文化的员工对快速行动方案褒贬不一,但是瓦格纳顶住了这种压力。"去年,我让公司400个高层管理者中的每个人至少组织两次会议讨论快速行动方案,并用电子邮件将会议中的建议传给我。我阅读并回复了所有收到的电子邮件。"[19]然而,在最初的阶段,结果是好坏参半。在第一年里,预期中的800个会议仅开了300个。瓦格纳毫不留情地追究了那些没有遵守公司命令来努力减少公司各种延迟和官僚现象的人。他甚至创造了快速行动中心以帮助组织并运作专题讨论会。自那以后,通用汽车公司进行了8 000多次快速行动专题讨论会。

当制造部门的工人们聚集在一起讨论由J. D. Power公司的年度质量报告中所揭示的质量问题时,快速行动方案开始在制造部门发挥作用。这些专题讨论会可以用来全面理解研究中指出的问题,并迅速确定如何解决这些问题。几年前,质量问题只能在几周或几个月的会议以及其他官僚阶段完成后得以解决。如今,当工人和管理者结束一日的快速行动会议时,他们就确定了解决问题的各个步骤。

人们并不期望根据每次专题讨论会的讨论结果而采取的行动会带来巨大的成本节约或者显著提高生产率和质量。其实,专题讨论会的作用是结束通用汽车公司官僚和应对缓慢的文化,这种文化已经困扰了通用汽车公司十几年。通过改变这种文化,通用汽车公司自上而下建立了提高其决策制定及事件应对能力的基础。将实时机会探测与提高事件应对能力相结合可以带来成本节约,更快地进行产品开发,实现更高的利润(由于较高的生产率和质量),而且可以增加销售额,这些正是企业所迫切需要的。

实时企业的力量

通用汽车公司是最早体验到在整个企业运用实时机会探测并进行快速应对所带来的好处的企业之一。即使是在早期阶段,结果也是令人瞩目的。除了市场份额增长外,通

第六章

用汽车公司还同时提高了产品质量和生产率,降低了成本,并在2003年平均每月推出一辆新车。

至今为止,通用汽车公司成功的最好证据就是2002年Harbour公司发布的关于汽车制造的报告。每年,这家位于美国密歇根州特洛伊(Troy)的独立咨询公司,都会发布一个关于北美主要汽车制造商的生产绩效的报告,包括戴姆勒·克莱斯勒公司、本田公司、丰田公司、福特公司,当然也包括通用汽车公司。

下面是2002年Harbour报告的摘录(在表6-2中是一个概括)。J. D. Power公司的报告证实了Harbour公司的数据(见表6-3)。

通用汽车公司本年实现了4.5%的全面增长,在组装、引擎和传动系统生产率等各方面都领先于其他国内汽车制造商,这标志着Harbour公司报告中首次记载了通用汽车公司结束了福特在组装及单车生产时间等指标方面的领先地位。同样是有史以来第一次,通用汽车公司的一个工厂〔奥沙瓦(Oshawa)第一工厂,单车生产需16.79小时〕在组装生产率方面领先于北美所有的汽车和卡车工厂。

……

最终,企业的体系和流程也获得了回报,这体现在生产率的提高、成本的降低和产品质量的改善三个方面。

……

表 6-2 通用汽车公司生产率的提高

类别	汽车	每辆车用的小时数 2001 年	1997 年
中型汽车工厂	雪佛兰 Impala 和 Monte Carlo	16.7	20.18
小型汽车工厂	庞蒂克(Pontiac)Grand Am、奥兹莫比尔(Oldsmobile)Alero	20.11	24.06
最好的大型 SUV 工厂	雪佛兰 Tahoe 和 suburban、GMC Yukon 和 Yukon XL、凯迪拉克 Escalade	25.99	40.75
最好的豪华汽车工厂	别克 LeSabre、凯迪拉克 Deville 和 Seville	29.47	48.99
最好的大型卡车工厂	雪佛兰 Silverado 和 GMC Sierra	20.95	24.09
最好的小型旅行车工厂	雪佛兰 Venture、庞蒂克 Montana、和奥兹莫比尔 Silhouette	25.00	31.96

资料来源：Harbour and Associates Inc., *Harbour and Associates 2001 Report*.

表 6-3 与其他汽车生产商相比,通用汽车公司的效率得分(单车装配工人数)

生产商	1992 年	2001 年
戴姆勒·克莱斯勒	3.72	3.54
福特	3.10	3.27
本田	2.53	2.40
通用	4.55	2.96
日产	2.20	2.18
丰田	2.64	2.40

资料来源：Rick Wagoner, "Taking GM to the Next Level, Leveraging Strengths, Addressing Challenges, Focusing on the Future"(呈交给证券分析师的报告,2003 年 1 月 9 日的电话会议)。数据来自 J. D. Power and Associates, www.jdpower.com(2003 年 2 月 15 日查阅)。

第六章

通用汽车公司在集中生产方面取得了一些显著的成就。3个通用汽车公司的轿车工厂……在各自的细分领域处于领先地位,3个卡车工厂也是如此……而且,10个进步最大的工厂中有7个是通用汽车公司的,Flint组装工厂处于领先位置,它是报告中进步最大的工厂。在超过福特和联合汽车(Aato Allicmce)公司后,通用汽车公司在生产率排行中处于第六位。仅在过去的两年中,通用汽车公司已将其每辆车的生产时间缩短了近4个小时。[20]

里克·瓦格纳和他的团队还没有完成任务。每个高管都发现有更多的机会可以对重要信息进行实时监控,并进一步缩短应对时间。瓦格纳希望在设计阶段的早期可以更频繁地获得信息。"我想如果我们拥有更多有关产品生产进展的实时信息,那会很有帮助。"[21]杰里·埃尔森认为,他可以将汽车生产中的第二阶段的时间再缩减30%,以对市场变化作出更快的应对。

小结

通用汽车公司取得的进展是显著的,这也表明实时企业将会拥有更多的优势,从而迅速提高其市场地位,并对竞争对手产生巨大的压力。在戴姆勒·克莱斯勒公司和福特公司都在困境中挣扎时,通用汽车公司的销售额增加了5%,营业利润每年翻倍,并在卡车市场重新占据了最高份额,从而获得了汽车行业最高的利润。然而,通用汽车公司的成功并不是确定无疑的。养老金计划和医疗保健支出对现金的需求会持续上涨——通用汽车公司的退休员工和享受福利人员比在职员工还多。至少在 2008 年以前，通用汽车公司有权享受养老金及退休后福利的退休员工（包括其配偶）会持续增加。我们清楚，通用汽车公司对现金的需求绝不是一个突发事件。在公司管理者于 20 世纪 70 至 80 年代发现了养老金短缺的迹象，以及严重的质量、生产率和市场份额流失等问题后，通用汽车公司在 20 世纪 90 年代已经成功地走出了突发事件阶段。虽然毫无疑问，实时方法论已经帮助 eBay 公司避免了一系列重要的公共关系灾难，并帮助琥珀木家居建筑公司增加了利润，但实时方法论能否帮助通用汽车公司将养老金短缺问题转化成被克服事件而非被怀疑事件还不得而知，这个答案需要多年时间才能揭晓。但是，由于通用汽车公司在通往实时企业的道路上还在不断努力，它通过将实时机会探测与新的组织结构、改进的企业文化以及更加快速的应对能力结合起来完成通往实时企业的三个步骤，因此目前的指标预示着通用汽车公司可能会成为即将到来的实时企业时代最成功的企业之一。

第七章　解决实时机会探测中的难题

当今,在企业组织和发展中最具争议的问题之一就是全球化。国际货币基金组织总裁霍斯特·科勒(Horst Kohler)把全球化描述为"加强国际劳动分工以及通过商品和服务贸易、跨国公司投资和资金流动实现国家间经济融合的过程"。[1]

经济学家和公司老板们为全球化带来的利益辩护,而各类组织则对它的弊端提出了抗议。但毋庸置疑的是,除了极度落后的国家,所有国家的经济都实现了全球化,它们通过劳动力和资金的流动来对全球经济事件作出快速应对。全球化的影响在1997年和1998年亚洲金融风暴时体现得最强烈——当时亚洲金融市场的突然崩溃迅速影响到全世界而不只是一个地区。一份关于美国财富500强公司的调查报告确切地指出,几乎100%的公司都声称亚洲的这次经济震动对它们的收入和利润有负面影响。根据当时国际货币基

第七章

金组织的首席副总裁斯坦利·费希尔（Stanley Fischer）所说，这次令人惊讶的阻碍了大企业发展并延缓了大国经济发展的事件的源头竟然是泰国：

> 自1996年开始，国内外的各种意外事件显示出泰国经济的疲软，但这被其快速的经济发展和美元（泰铢与美元挂钩）的疲弱走势所掩盖……
>
> 过去的成功也使得泰国政府否认泰国所存在的问题的严重性以及在政策上采取措施的必要性。无论是国际货币基金组织在泰铢大幅浮动前的18个月中与泰国政府的持续对话还是不断增加的外汇市场压力都没有使泰国政府改变态度。最后，在缺少有效的政策性措施以及中央银行对泰铢不顾一切的保护下，泰国的金融危机爆发了。[2]

泰国经济陷入泰铢迅速贬值所带来的压力后，这种影响迅速扩展到它的邻国，包括印度尼西亚、马来西亚、新加坡以及韩国。它造成的亚洲经济的信任危机扩展到全世界，因为这些国家的公司缺乏资金来源，导致它们无法进口商品，迫使总部位于西方国家的公司不得不缩减投资和工作岗位。许多公司都在毫无提防的情况下受到牵连，唯一的原因是它们不知道它们的经济前景原来取决于泰国中央银行的行动。

本书的核心前提之一就是在企业界没有突发事件。实际上，正如斯坦利·费希尔在他的报告中指出的，在泰国所发生的事情也是存在着警告的，任何熟悉国际资本和货币市场的人士都能够预见泰铢贬值可能产生的巨大影响。然而，在当今全球化的世界中，如果说所有可能会受到亚洲金融危机影响的公司现在都有能力了解泰国及其邻国的货币和财政政策，这一说法也是不可信的。对于绝大多数美国公司的经理们来说，识别模型中建议追踪的一系列原因性事件在他们获得那些能够使他们对即将到来的危机有所警觉的衡量指标前就会消失得一干二净。一旦危机爆发，便会扩散得相当快，即便对日本金融市场的实时监控也无法提供足够的事件—影响时滞，从而无法作出适当的应对。

新角色，新责任

当企业开始步入成为实时企业的第二和第三步时，即在它们所有关键的经营流程中采用实时机会探测并且改进对被探测到的事件的应对能力时，它们就会越来越多地碰上类似亚洲金融危机这样的问题。就像亚洲金融危机一样，即使企业动用大部分管理人员进行实时机会探测，可能也无法发现那些对于整个组织的成功至关重要的事件。正如在第五章提到的波音公司的情形一样，虽然一些管理人员可能正在实时监测事件，但重要的信息或许没有传递到所有相关的部门。在其他一些组织中，一些实施了实时机会探测和那些还没有实施实时机会探测的经营流程相互交叉将会导致流程混乱，效率低下。要想改变一个企业的关键经营流程使其实现实时操作，在必要时提供最新的进程反馈以确保真正结束所有经营风险，就要求公司的最高层管理人员在转变过程中

第七章

扮演一个积极的角色。具体来讲，这要求他们扮演三个新角色来成功地实施向实时企业转变进程中的第二步和第三步：(1)向实时企业转变的领导者；(2)远距离监视员；(3)内部监控和报告者。

向实时企业转变的领导者

把企业转变成一个实时企业不是一蹴而就的事情，它需要面临许多挑战，克服很多困难。当高层管理者意识到这些挑战的牵涉面后，也许他们要担当的第一个职能便是成为向实时企业转变的领导者。在许多情况下，这种职责会成为现任高层管理者(主要是 CEO、CIO 或 CFO)职责的一种延伸。当高管们制定在整个企业内实施实时机会探测的策略时，他们将面对两个相关范畴的障碍：信息技术挑战和流程挑战。

信息技术挑战

我们很容易便可以看到，那些想要转变为实时企业的企业会面临信息技术的挑战，这个挑战是相当严峻的。预测现在和支持实时机会探测所需要的信息需要通过信息技术系统收集和储存。在很多公司中，这些系统的信息还远没有达到实时更新的程度。所需要的改变之一就是能够在一个事件刚刚发生时就掌握它，这样做通常意味着用信息技术替代耗费时日的人工操作。例如，很多公司将以评估怎样能在一项销售或一个订单变更的同时便捕获到该信息作为起点。在瞬息万变的零售业的大多数案例中，由于记录过程冗长，

解决实时机会探测中的难题

通常是手工操作的,在实际销售和掌握信息之间存在一个很大的时间差。例如,许多专业服务公司的销售登记过程包括以下步骤:现场销售人员在客户处得到所签的合同,把合同带回办公室,然后将其传真给中心预订登记处,在那儿有另一个人收集这些传真信息,并通过人工把合同信息输入另一个系统。

最糟糕的情况是,有可能出现一些额外的滞后情况,比如合同不完整、传真收到的页数不全、所输入的数据不正确,等等。在大多情况下,往往需要几周的时间才能将正确的信息恰当地输入系统,这还不包括通知那些负责计划服务传递人员的时间。对于这个问题越来越普遍的解决方法是琥珀木家居建筑公司所采用的"无线技术"。一个工头将工程进展情况输入一个无线私人数字助理(比如掌上电脑),公司的中心数据库便会立刻更新该信息。这个工头不需要填写表格,也不必把它们送回或打电话报告给办公室进行重新输入。琥珀木家居建筑公司所应用的无线信息收集技术,以及越来越广泛使用的应用于有形商品的无线频率识别标签(这将允许在无须人工干涉的情况下跟踪更小的细节信息),将成为应对数据收集挑战的主要工具。

虽然应对数据收集方面的挑战是重要的第一步,但这不是公司所要面对的唯一的技术挑战。公司还需要依靠批处理来处理系统中所出现的滞后情况。当有交易进行时,这些系统不是马上对其进行处理,而是在一定时间内储存所有的交易信息,然后在一天结束前、周末甚至月末来统一处理这

第七章

些交易。和其他项目相比,应付账款和应收账款仍然过于依赖批处理。许多企业实行现代企业资源配置系统,它们预料该系统将在 2000 年升级,大量地减少了依赖于批处理的系统数量,但并没有完全放弃这些系统。批处理系统在两个系统进行交互时也被普遍应用,例如,生产系统把存货信息传输给顾客关系管理系统。网络技术,包括 XML、网页服务和应用整合工具等,将对废除批处理和使用实时监控产生极为有利的影响。

最后,企业必须处理数据的整合——在通用指标和衡量方法上达成共识,以便把企业中的所有数据整合在一起作整体评估。数据整合只是一种间接的技术问题,因为它需要对现有的数据库管理和商业情报系统进行改变。这个部分的更大挑战将是赢得整个企业的认可来应用和遵守标准的指标和衡量方法。已经使用了类似平衡记分卡这样的工具开始公司绩效管理的企业在克服这项挑战时会比较有优势,因为这些企业已经在很大程度上解决了核心指标的整合问题。但是,许多已经达到智能许可水准的企业仍在手工地转换数据,以便将数据输入平衡记分卡和其他运营管理工具。只有成功地应对了这项挑战的企业才是真正的实时企业。

流程挑战

通用汽车公司北美汽车部副总裁杰里·埃尔森指出,公司迄今为止通过加快汽车设计速度而获得的 90% 的收入是和流程有关,而不是与技术有关。[3] 同样,技术通常只是企业转变过程中所要面对的所有挑战的一小部分,较大的挑战是改进低效率的流程。通过采用正确的技术,固有的低效率流程的数量会立刻变得一清二楚,但试图修改这些流程可能得不到期望的好处,而会产生不理想或高代价的结果。美国人积极运用家庭报警系统达 20 年便是一个很有启发性的例子。在 20 世纪 80 年代,由于技术进步使得安装家庭报警器和中央监控的费用降低,安装这种系统的家庭数量急剧上升。报警器公司对这种"快速应对"的好处进行了有效的营销——当按下报警器时,中央监控室就会通知警察局或者消防队,为人们提供帮助。不可否认的是,这些系统挽救了不少生命,也阻止了不少悲剧的发生;保险公司意识到了这一点,开始对安装了报警系统的家庭的保费提供一定比例的折扣。然而,最近,市政当局带头对这些报警系统进行强烈抵制。迄今为止最惹人注目的抵制行动是,2003 年 1 月洛杉矶市政局规定警察或消防员对没有明确证实的报警将不予以回应——所谓的证实是指通过家里安装的摄像头拍摄到,或被报警公司雇员或邻居直接看到。这项政策是在 2002 年司法部门的研究报告出台后制定的,该报告发现错误警报导致当地警局损失了 15 亿美元并浪费了 35 000 名警察的时间。而且,当地警局认为这些错误警报影响他们对未安装警报系统的家庭作出有效回应并实施保护。这种新做法是对先前一些努力的延伸,旨在降低警局曾为安装有报警系统家庭提供的优先待遇。[4]

在这里所得到的教训是通过调整流程来适应实时信息

第七章

的需要可能会产生即刻的改进，但这会掩盖其对一个组织的其他部门所造成的伤害。这种情况在实时企业发展的早期阶段频频发生，尤其是当确定首要目标时，获取实时信息的简便性超过了其对企业的影响。许多组织和管理者都缺乏约束去对他们所作的一些可能对企业产生影响的实时改进进行关注（见第六章对改变识别模型以使企业采用的讨论）。因此，他们只是对那些需要小幅改动的指标和流程进行改变。最终的结果与警察局和家庭报警系统的例子很相似——在改善一项流程的同时却伤害了另一个。最大的组织性挑战就是为了达到预期结果，确定哪些流程需要改变，以及以什么样的顺序进行改变。从系统整体角度来看问题对有效改进经营流程是至关重要的。因此，由一个能纵观整个企业系统的高管来履行这项职责是很重要的。任何地方做得不全面都会导致达不到最理想的结果，甚至会对结果造成破坏，因为没有适当地集中和配置资源。

实际上，对于高管们来说，他们坚持己见，把他们的精力都用在最重要的事情上，努力转变那些妨碍预测现在的经营流程，他们将会获得意想不到的好处。除了能预先发现潜在的问题或机会外，这样的过程改进还会带来其他一些好处（例如在第五章中提到的琥珀木家居建筑公司和威特斯欧公司获得的额外好处）。首先，提倡实时机会探测将在经营流程中开启一个提高生产率的新阶段，其中很多流程是通过技术手段至今无法有效达成甚至不可触及的。其次，生产力的提高将有助于保持雇员生产所带来的收益超过他们的工资增长，保证雇员成本处于控制范围内，这将增加公司的利润和竞争力。

人力挑战

正在进行实时机会探测和正向实时企业转变的公司也将面临一个巨大的结构性挑战。在每一种主要的组织性转变中，在改变一些根深蒂固的行为和工作方式方面都存在很大的挑战。威特斯欧公司的运营经理罗恩·亨特(Ron Hunt)说:"当我们第一次把有关销售的实时报告传输给那些区域经理时，我们很快意识到他们中的许多并不确定该怎样来处理这些信息。我们不得不组织一些培训课程帮助他们理解这些报告，并引导他们通过传输的数据来判断结论是否正确。"[5]

那些服从严格的等级命令和控制结构的组织和管理者需要作出最大的改变。在决定权被严格控制的环境下，只会有两种可能的结果：管理者把权力授予一个他们通常不太习惯的一个阶层，或者他们必须"时刻在岗"，在实时信息要求必须作出一个决定时，无论是一年中的任何一天，一天中的任何时候，管理者都要保证能被联系到以给出决定。实际上，无论是在怎样的决策体系环境中，实时信息的广泛传播都将会进一步混淆工作和生活的界限，并带来重大的人力管理挑战。

此外，管理者要努力学习处理信息的新方法。一些人

第七章

> 将通过过度反应来体现实时信息的价值。其他人会拖延作决定的时间,希望在下一分钟会收到不需要采取行动的信息。这种改变不是一个简单的过程,每位雇员都需要适应新的组织结构和新的工作方式。薪酬计划需被重新审查并作出调整,应保证薪酬不应与"旧的"非实时过程挂钩。[6]当人员管理的失败限制了为获得实时企业的成功所作的努力时,这种挑战通常会迫使公司任命一个人或创立一个办公室(类似通用汽车公司的快速行动办公室)来培训、培养并引领员工适应企业文化的改变。

远距离监控

2003年2月27日,美国联邦储备委员会主席艾伦·格林斯潘在参议院有关人口老龄化的特别会议前证实了人口结构变化对美国经济的严重威胁。格林斯潘先生告诉参议员,随着美国人口日益老龄化以及2013年左右婴儿潮一代(the baby boomer generation)开始退休,当今的社会保障系统将会崩溃——由极少数的工作人员来支撑比其数量多得多的退休人员。他强烈呼吁国会趁现在这种转变还能顺畅进行的情况下改变福利策略,而不是等到系统面临危机,改变变得"严峻而费力"的时候再做这件事情。[7]第二天,《华尔街日报》就在"市场版"的首页刊登了三篇文章,指出全球人口结构变化将至少对下半个世纪的企业规划造成强烈影响。其中两篇文章是关于发达国家和发展中国家的年龄对比的,另外一篇文章以较短的篇幅介绍了联合国在艾滋病对于人口问题所带来的影响方面的预测的改变。[8]这让我们无须多想就能意识到这样的人口变化趋势将会改变全球的经济环境。然而,我们需要下大力气不断地观察和计划,以确定到底会发生什么样的改变以及它们将对企业造成怎样的影响。

格林斯潘的评论强调了一个政府和企业共同面临的问题:很少有政府或企业有足够的能力来正确地预见将来十年之内发生的改变并对所预测到的变化作出应对;因为眼下还有许多其他事情需要处理,所以它们不会拿出持久的精力来预测遥远的将来将会发生的变化并制定有效的应对策略。因此,在事件—影响时滞还很长,而且他们拥有很多应对措施备选方案的情况下,很多企业和政府不会现在就开始计划应对的方式。这些组织直到除了"严峻而费力的"应对措施外,其他的任何措施都为时已晚时,才会采取行动。

正是这种无能为力要求企业必须创造一种职能,这种职能专门监控公司目前所关心的问题以外或隐藏在其后的问题。从现在开始,公司必须培养一种监控在公司总部视线之外的能够带来机会或预示问题的事件的能力。远距离监控的职能就是对于因果影响链条的监控范围要比普通的管理者所能够或有时间监控的范围更大。

政治学专业的学生都知道这样一种观点:"相关关系并不意味着因果关系"。换句话说,两件事连续发生并不意味着是第一件事情引起第二件事情发生。最近的基因研究史上发生了很多次这样的错误。科学家错误地认为是某些基

第七章

因导致某些疾病的发生,而经过实验却发现事实要复杂得多(不是单一的一种基因而是 20 多种不同的基因相互作用导致了疾病的发生)。在企业试图在所有重要的经营流程中实施实时机会探测时,高管和经理们往往会因为事件之间只是相关关系(而非因果关系)便认为某事件对公司有影响,从而确定监控该事件。这种错误是很普遍的。威特斯欧公司的罗恩·亨特在威特斯欧公司部署实时报告的早期阶段就发现了这一现象,他说:"管理者由于很关注对实时销售趋势的监控,因此在开始时他们总会忽略销售数据与进货数据的相关关系。他们会仅仅因为某种商品相对较少的销售量而判断该种商品不受欢迎,而没有将这个数据与最初的进货量进行比较。这是一种简单的错误。"[9] 由于要对假设进行检验,负责远距离监控职能的人可以得出因果影响链条究竟怎样的正确结论,并使组织作好准备监控那些有利于人们正确预测现在的指标。事实上,这种远距离监控的好处在于它不仅能显示出那些因果影响链条中的比最初看起来要复杂的情况,它也能使人们发现那些被完全忽略了的因果影响链条。因此,这种远距离监控必须善于在看似无关的信息间建立联系。它对所有相关信息的监控将有助于发现过去被忽略的相关关系和因果关系事件。

最后,远距离监控也需要提供建议,说明什么时候由于当前的技术限制而无法对更早的事件进行早期监控或监控成本很大。于是,组织便可以把注意力集中在提高数据传递、决策和应对速度的能力上。这样,当可能探测到的最早

解决实时机会探测中的难题

事件被探测到时,组织就能够把事件—影响时滞最大化以作出有效的应对。

新闻产业是一个很好的例子。如果你走入当今的任何一家主要的电视新闻组织,在办公室的某处你会发现一些悼念某些著名人士或臭名昭著的人士的录像节目,这些录像节目回顾了他们的事业和所取得的成就。然而你会惊奇地发现,这些追忆节目是给在世的人制作的。许多年前,新闻单位意识到它们无法更快地得知名人的死讯,但是如果不能即刻播放对名人的追忆节目,它们就会失去非常有价值的与观众联系在一起的机会。因此,新闻单位决定要确保在有限的事件—影响时滞内准备好一个有效的应对——为还活着的人制作好追忆节目。这样,在得知某著名的娱乐人士、政治家及偶像级人物死亡的消息几分钟后,就能够将这些节目播放。远距离监控必须确定什么时候应该把注意力集中在因果影响链条中最早发生的事情上,以及什么时候应转移注意力来作出更快应对,从而有效地平衡成为实时企业过程中的必要步骤。需要再次强调的是,远距离监控职能与实时企业变革的领导者职能一样,必须由一位高管人员负责。

一些企业发展趋势将使组织意识到采取远距离监控的必要性。前面提到的全球化意味着更多的公司将对全世界更多国家的经济状况产生更大的依赖。如图 7-1 显示的那样,许多美国公司 40% 以上的收入来自于美国之外的国家。随着企业对本土之外的供应商和客户的依赖性增强,企业的

第七章

绩效和运营的健康状况的危险系数也会明显提高。境外顾客需求、汇率、法律、贸易、会计和经济信息披露等改变将会很容易导致突然的收入下降、成本增加、利润降低或者未预料到的诉讼,以及很多其他不利影响。

图 7-1

许多美国大公司超过 40% 的收入来自其他国家,因此对国外政治和经济政策的监控对公司成功至关重要。

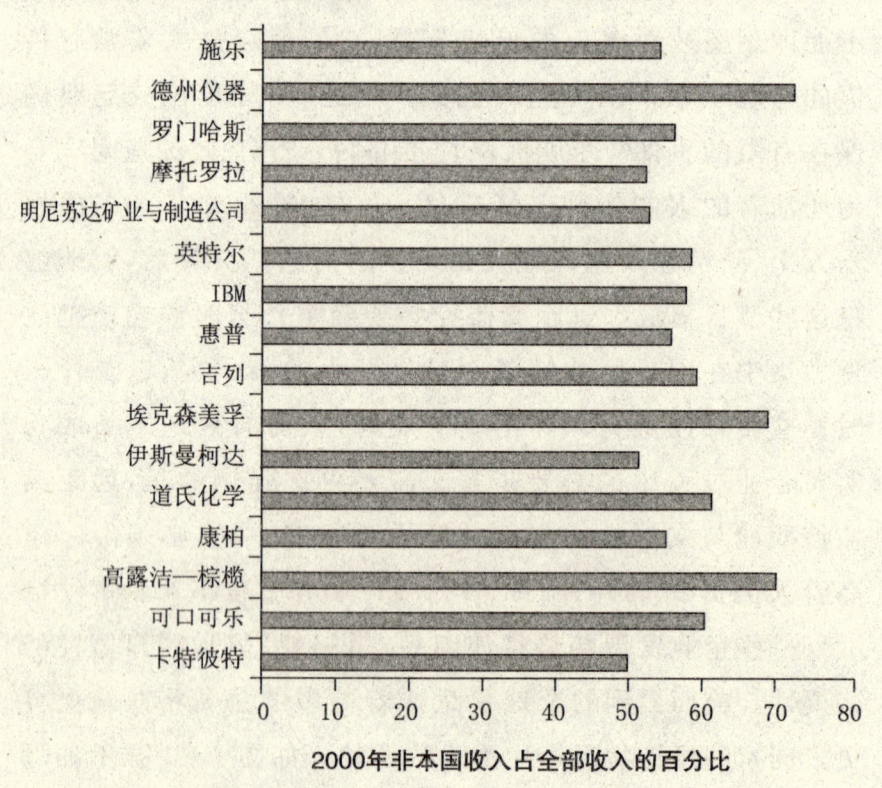

公司	2000年非本国收入占全部收入的百分比
施乐	~55
德州仪器	~72
罗门哈斯	~57
摩托罗拉	~54
明尼苏达矿业与制造公司	~54
英特尔	~58
IBM	~57
惠普	~56
吉列	~60
埃克森美孚	~69
伊斯曼柯达	~51
道氏化学	~62
康柏	~55
高露洁—棕榄	~70
可口可乐	~61
卡特彼特	~50

资料来源:Megan E. Mulligan, "The International 500," *Forbes*, 23 July 2001, 38.

解决实时机会探测中的难题

亚洲经济危机证明，企业要想获得长期成功必须要时刻关注国际形势及其对它们自身以及主要供应商和客户造成的影响。最睿智的远距离监控还应该监控它们的最直接竞争对手的客户和它们客户的客户（更不用说供应商了）的状况，寻找实时机会充分利用它们的弱势。远程预警防线就是扩展对"合作伙伴"监控的一个例子——远程预警防线的大部分在加拿大境内穿过。

实施远距离监控的另一个原因在于一个重要的趋势——外包。1990 年，C. K. 普拉哈拉德（C. K. Prahalad）和加里·哈梅尔（Gary Hamel）发表了 20 世纪 90 年代最具影响力的商业文章之一，在那篇文章中他们写道：

> 在 20 世纪 80 年代，对最高管理者的评价是基于他们对公司进行重组、重新规划以及重新分层的能力。而在 20 世纪 90 年代，则是基于他们识别、培养和开发有助于企业发展壮大的核心能力的能力。事实上，他们需要重新考虑企业这一概念。[10]

成千上万的高管们把普拉哈拉德和哈梅尔发表于《哈佛商业评论》的这篇文章作为向导，指引他们把一些次要的企业职能外包给一些专业的小公司。自从 1990 年开始，公司外包的企业职能数量已经十分巨大。这里只是其中的一部分：

第七章

会计服务	生命健康和医疗保险
审计服务	旅行和订票服务
广告服务	市场营销
呼叫中心	媒体购买
信用卡中介	办公室与行政服务
事件管理服务	猎头服务
人力资源	公共关系
信息技术服务	租赁服务
法律服务	市场调查
授课和培训	电话营销

大多数公司想利用外包策略来实现以下目的：(1)通过节约成本促进发展；(2)增强企业灵活性并把管理的注意力集中在公司所面临的最核心任务上；(3)尽量避免雇用不易寻找的专业人才；(4)改善对顾客的服务水准。但是当一个外包公司没有提供最高质量的产品或服务，或当其企业行为不符合最高道德标准时会发生什么呢？

假设A公司把某职能外包给B公司，如果A公司不时刻严格监督，就会失去对这项职能完成情况的控制权。外包合同中的最佳策略是要具体说明公司的监控权。公司必须保持应有的警惕以保证目标和指标的达成。然而，能够采取这种最佳策略，关注与他们没有直接联系的外包商的行为的公司就很少，更不用说去关注会对外包业务的持续性产生影响的其他因素了。能说明这一情况的最好例子发生在2002

年秋天，当时安达信会计师事务所宣布破产，这件事紧跟着2001年底和2002年初巴基斯坦和印度关系紧张状态的升级而发生。两国正处在战争的边缘，极有可能是核战争，这种恐惧笼罩着许多把重要职能外包给印度，而又没有实时监控印度的政治局势的公司。突然间，成千上万的公司开始尽力去制订针对可能在任何时候发生的战争的临时计划。在那之后不久，当安达信会计师事务所因其审计的几家公司被指控有违法行为而破产时，许多公司不得不争抢着替换掉它们在安达信的顾问和审计员。当一个公司外包主要的职能时，它可以获得意想不到的效率收益，但是它也增加了公司可能面对的威胁数量。

因此，负责远距离监控的高管应从时间、空间、关联性等方面详细分析存在的机遇和威胁。他应该探究5年甚至更多年后的趋势状况，寻找在其他国家财政、金融和外交政策方面存在的机会，并发现会对其客户的客户和其供应商的供应商造成影响的威胁。通过这种监控，他将确定哪些指标会确认或否定某一趋势，或者确定一个采取行动的时间点。例如，一个健康保健的提供机构通过远距离监控将会看到格林斯潘所提到的人口老龄化趋势，并意识到医疗保险体系承担重负的潜在影响。他可以立即开始监控早期的总统竞选，了解他们在医疗和社会保险制度上的政策迹象。他也会让其他高管和董事会理解努力为老年人提供保健服务的必要性，让他们意识到人口老龄化为政府和保险公司带来的双重影响——政府和保险公司面临极大的成本压力，以及对老年保

第七章

健的需求将在资源方面给服务提供机构造成巨大的压力。或者,金融服务公司的远距离监控会发现由于老年人取出的资金远远超过其存储或投资的金额,这将减少公司的利润。他将建议开发具有附加价值的服务以鼓励老年人延长其退休存款时间,并通过监控确定这种服务是否能弥补公司的利润损失。住房建筑公司的远距离监控将会发现它们必须逐渐由建造为年轻人或不断壮大的家庭设计的住房向为美国的老年人设计的住房转变。零售商的远距离监控将会看到年轻人购买力的下降。年轻人不仅在数量上会被老年人超过,而且他们将同想要挣到更多积蓄的退休人员来竞争兼职工作;他们也将获得更少的晋升机会(因而薪酬很少增加),因为那些职位在他们之上的人不退休。[11]

尽早认识到这些趋势将会为制定应对策略带来更大的优势,而应对策略能让企业顺利完成从今天的市场到将来的市场的转变。采用远距离监控的公司将会避免那种"严峻而费力的"转变,而这种转变正是抑制当今许多没有安排高管人员负责远距离监控工作的大型企业发展的原因。

内部监控和报告者

新的远距离监控职能将首先出现在两种截然不同的组织中:一种是成功的组织,它们正在寻求可以继续扩展的途径;还有一种是突然失去了竞争力或大量的市场份额的组织,因为它们在毫无意识的情况下被卷入不在它们监测之下的外部市场变化中。在那些因内部问题(包括如重新申报利润、管理者的渎职行为或者由于信息没有在公司内共享而成为被怀疑事件的受害者）而非外部冲击而努力挣扎的公司里，很可能出现一种全新的职能。这种新职能关注的重点是确保准确地衡量公司的目标并据实报告给公司的各部门，特别是报告给高层管理者和董事会成员。

2002年西尔斯公司遇到的困难和安然、世界通信、泰科以及Quest等公司那些耳熟能详的故事说明了信息缺失的问题普遍存在于当今的企业中。在上述每个案例中，有关企业运行的重要信息要么是没有上报给CEO或董事会成员，要么是上报得太晚。这些例子只是冰山一角。每天，管理者都会遇到一些困难局面，然后在撰写报告时将消极消息转为尽可能好的陈述；出于人的本性，他们通常都不大愿意报告坏消息。由于在当前的大环境下，欺诈行为——即便是很小的（例如，2003年Sprint's的CEO和董事长因采用公司审计师推荐并同意的避税手段而被撤职，以及2003年秋天纽约股票市场有关管理者薪酬和管理方式的丑闻[12]）——越来越不能被接受，因此最好的措施就是委派一名高管来密切监控公司的运行，并把情况客观地报告给相关部门。

也许第一个委派高管来履行内部监控和报告职能的公司将是那些从破产中幸存下来的公司。美国破产法中一条鲜为人知的规定是：因为公司是在法规保护下重组，所以要求它们每月报告公司业务进展情况，以判断与其目标相差多远。然而，一旦公司从破产中恢复过来，就会再次要求它们每3个月报告一次财务状况。在不远的将来，当一个从破产

第七章

中幸存下来的公司意识到恢复投资者信心的重要性时,重新组建起来的董事会或 CEO 就会决定继续采用每月汇报制度,因为他们认为这种透明度将会产生一种积极的意外收获。当然,这个有先见之明的董事会也会认识到确保所有信息完全正确(或者清晰地指出不确定的信息)的重要性。

也许,当公司的某些前任高管被逮捕的画面在电视上公开播放后,即人们所说的"示众游行",公司的董事会也会委任一个高管负责这项职能。董事会这样做更多地是关注如何摆脱自己作为公司管理者的潜在责任,他们可能很少考虑重塑投资者的信心。他们要确保自己不再是因 CEO 提供了虚假的、误导性的抑或是不完整的信息的受害者。为了确保所获得的信息是及时、完整、准确无误的,董事会会首先任命一位高管承担这项职能。公司治理专家正在斟酌报告者或监控者功能的可行性。沃顿商学院的迈克尔·尤西姆教授(Michael Useem)曾在泰科公司努力摆脱丑闻阴影时担任其顾问,他在一次采访中谈到了内部监控和报告者的必要性,他们应该确保董事会得到所有适当的信息。[13]

诚然,还有许多其他的因素也会推动设置内部监控和报告者的需要。这些因素是组织不能广泛传递信息的结果。不管这些事件的出现是因为要掩盖错误的做法(如海曼大火的起因)还是仅仅因为不知道其他人需要信息,高管们通过监控确保推翻"需要知道"的文化,并将实时信息传递给所有需要的人都是很有必要的。实施实时机会探测的许多益处,如琥珀木家居建筑公司赢得国外客户的能力,就是来自于在监控的过程外广泛地传播实时信息。那些不能确保信息在公司各部门和各业务单元广泛传播的公司，将会在生产效率、公司利益等方面遭受较大的损失；当然，也会更容易受到被怀疑事件的侵袭。

为了确保监控实时信息并将其报告给所有的相关部门，担任这项职能的高管必须具有绝对的权威，有权在整个公司中寻找所需的数据。同意接受并使用这项权力将会带来两个附加的或可能未预料到的职责：(1)充当公司的调查员；(2)充当公司的"黑匣子"。当内部监控和报告者开始工作时，他迟早会发现公司的某个目标或指标没有实现。当报告了这个信息后，他经常会发现自己又多了个任务，即分析目标没有达成的原因，进而提供如何解决这一问题的具体措施。因为被赋予了在公司收集信息的权力，所以该高管是执行这项任务的最佳人选。然而，有机会了解信息也会使处于该职位的人在出现违法行为时成为公司重要信息的贮藏室。当进行犯罪调查或股东提出诉讼时，该高管很可能第一个接到传票。就像黑匣子是寻找飞机事故的首选对象，内部监控和报告者也是第一个提供违法原因的证人。当然，随着这个角色日益普及，内部监控和报告者很可能被赋予豁免起诉权，以增加他们主动向相关权力机构提供犯罪证据的可能性。

要设立一个新的公司高管职位？

毫无疑问，变革领导者、远距离监控和报告者都是公司通往实时企业过程中必然出现的职能。要想成功转变为实

第七章

时企业，至少需要一个实时企业变革领导者。随着这些职能的出现，企业将面临一个严峻的抉择：由哪些管理人员来执行这些职能？

新职能与现有的高级管理职能之间存在着密切的联系。CEO 在制定战略的过程中负责识别与寻找新出现的趋势，COO 负责监督运营过程以确保效率最大化，而 CFO 的任务则是负责监控和报告。在许多企业中，正是由这些高管们正式或非正式地履行这些新的职能。在一些企业里，未来 5 年只会涌现出一两个新职能；而在其他企业里，所有三个新职能都已经开始发展了。

尽管用现有的高管们来履行这些新职能看似很有效率，然而从效果来看则可能成为一大灾难。把这些新职能看做高管现有责任的延伸，失去了公司在向实时企业转变过程中重新设计一个治理结构以使效率和效果最大化的机会。一个新的治理结构将创造一个新的公司高管来承担这三个职能，我们称其为首席监控官（CMO）。

新任命一名高管负责这些职能将使效率和效果最大化，原因有三：(1)现任高管没有多余时间履行额外的职能；(2)事实上，这些职能与其他高管现在承担的职能有所不同，尽管乍看起来并非如此；(3)这些职能之间相互补充，由一个人执行很有益处。

新职能是对现有责任的补充

日复一日的公司运行使得现在处于首席级职位的高管

们没有足够的时间和精力关注某些事项,例如全球货币市场、泰国财政政策、发达国家人口的快速老龄化,因此无法确保按正确的顺序监控正确的经营流程以获得效率最大化。对于 CMO 的需求是基于亚当·斯密的智慧及其经典著作《国富论》,在这一著作中,他正式明确了劳动分工这一概念。需要任命一位新高管在很大程度上是为了使现有的高管们能各司其职:CFO 负责财务管理,COO 负责生产运作,CIO 负责技术管理,CEO 则负责把它们整合在一起并决定公司的战略方向。CMO 则只专注于上面描述的职责和任务,花时间去尽量使其发挥最大作用,从而使公司受益。

新职能与现有责任不同

建议任命一位新的高管负责与其他现有高管职责相关的任务看似莫名其妙。财务报告难道不是 CFO 和他的下属的工作吗?内部监控难道不是 COO 及其下属的工作吗?CEO 的主要任务之一难道不是监控未来趋势并为其作好准备吗?CIO 的任务难道不是确保开发适当的技术来满足经营目标吗?

以上所有问题的答案无一例外都是肯定的,这些高管们的职位确实是为这些目的而存在的。但是真正的实时企业中的 CMO 的新职责不同于传统意义上现有高管的职责,而且新职能中的某些部分要远远超出其他高管的职责。

第七章

CEO

　　CEO作为公司决策人这一地位丝毫不会被负责远程监控的CMO夺去。监控功能绝不应等同于制定战略方向；相反，监控功能应确保CEO认识到可能影响其战略成功的所有内外部因素。显而易见，CEO们需要获得更好的有关即将出现的机会和威胁的情况。除了本书中介绍的CEO不了解重要信息的案例外，像其他公司员工一样，CEO也会因为只关注公司的日常运作，对重要信息的茫然不知而吃苦头。克莱顿·克里斯滕森（Clayton Christensen）的《创新者的困境》（*The Innovator's Dilemma*）一书详细讲述了这种结果是如何出现在一个运行良好的公司，使其饱受破坏性技术之苦。破坏性技术的影响和不可预知的市场、竞争以及宏观经济的改变使CEO精心设计的战略每天都会遭遇突袭。为清楚起见，有必要再次说明远程监控是为了发现潜在的问题和机会的迹象，但不会强迫监控者作出适当的应对，他只需提出一些建议。正如国家安全顾问不需向总统提供外交政策一样，CMO不需向CEO提供针对机遇与威胁的对策。但是，在这两种情况下，总统和CEO都有权拒绝接受顾问的观点，并自担风险。

CFO

　　CFO一般负责下述六个方面的工作：(1)财务战略；(2)投资管理；(3)资金管理；(4)税务管理；(5)成本计划和预算；(6)资

本运作。[14]即使任命了CMO,CFO仍要负责上述事务。事实上,CMO是否能成功地完成内部监控和报告的职能,在很大程度上取决于CFO及其下属是否能高效完成任务并把相关信息转换为实时信息流。CFO及其下属负责监督确认重要财务事件的发生过程,并把相关信息转化为不断更新的财务信息流。由于CFO及其下属对总账中的收入和支出种类的划分将会决定主要的收入、费用、资产、负债和所有者权益类科目,因此CMO需要依赖CFO将企业活动(销售、薪酬、采购等)过程实时转化为财务指标。确切地说,CFO需要放弃原有手工收集信息的方法,并努力采取当今流行的现代方法。因为如果报告中的信息不是实时的,那么无论财务报告是否能很快做出都没有什么意义。

CMO会依赖CFO提供的财务报告并通过对非财务指标和衡量标准的监控和报告使其扩充。很少有人会反对利用财务手段之外的方法去评估公司的实际价值和状况。平衡计分卡的广泛使用证明有很多人已经意识到这种需要。很多公司已开始使用平衡计分卡或其他管理框架,如欧洲质量管理委员会提供的管理框架。它们能证明,要保证使用的衡量标准正确、合适和持久,没有什么比管理层的持续关注更为重要的了。目前负责监控管理框架的实施和运作的管理者很有可能会成为第一批CMO。总之,CMO不会取代CFO传统的财务管理职责,他会用整个公司内部的非财务指标以及用来监督公司外部的相关趋势的指标来对财务报告加以补充,并将这些报告给相关部门(当然是实时地)。

第七章

有些读者可能有疑问，CMO和公司的独立审计人员有什么本质区别。虽然有很多重要的不同之处，但最基本的区别在于审计员的任务是评估、确认并报告过去的信息。而CMO的任务是评估、确认并报告现在的信息，从而使公司有效地实施实时机会探测。

COO

COO和我们建议设置的CMO的区别在于控制权和控制范围不同。COO一般对所有直接产品（从最广义上说）的生产过程具有控制权。CMO在履行实时变革领导者的职能时，对任何经营流程都没有控制权，他只需确保所有这些流程，包括创收及其他流程，都尽可能地高效运转，并为有效监控提供必需的实时信息。因此，CMO不会直接改变经营流程，而是使COO（和其他管理人员）关注这些需要关注的经营流程。另外，任命一位CMO能帮助CEO和其他决策者对公司内需要改进的经营流程进行排序，以确定哪个流程（财务、销售或生产流程）是最为关键的实时更新环节。在对经营流程进行实时改进的过程中，CMO在避免出现Braess悖论（该悖论描述了提高某一流程的效率是怎样降低整个系统的效率的）方面的作用至关重要。[15]

CIO

最后，与CIO不同，CMO不会直接参与技术决策。CMO只会指出需要依靠技术解决的问题并帮助从整个企业的角度确定对实时信息的需求。CMO也会帮助企业识别与确定那些对公司实时监控适当指标的能力产生重大影响的问题,并对它们进行优先级排序。

相互补充的新职能

成为实时企业所需要的每项新职能都是互补的,这意味着由一个人负责要比分配给几个不同的人更能有效地履行这些职责。让不同的高管来监控内部指标和外部威胁(分别属于内部监控和报告及远距离监控职能)会很快导致信息的分割和不完整。如果对企业的能力没有彻底的了解,怎么能对其外部威胁或机会作出评估呢?如果不了解外部市场力量(例如,世界通信公司欺诈案的最初迹象之一是其资本成本结构与竞争对手的完全不同),怎么能判断内部运作是否良好呢?只有把内部和外部监控集中在一起并把它们与确保流程尽可能有效运作的责任联系在一起才是明智的选择。

我们无法明确地解释为什么这种新角色会出现在某些特定的组织中的,而在另一些组织中根本就不会出现。在某些情况下,这种动力更多地来源于企业管理者的渎职行为而非实时信息;而在其他情况下,这只与实时机会探测有关。然而不管过程怎样开始,在大多数情况下,它都会以任命一个新的高管履行所有这些职责而告终。

对 CMO 的深入思考

有关设立另一个高管职位的必要性的疑问可能会包括

第七章

下面这一个:"在当今的经济环境下,什么样的公司能够有实力组建一个全新的部门并为其雇用员工呢?"问题的答案还是源自于对 CMO 所承担的特殊角色的考察:由于 CMO 除了监控外并不需要对任何流程负直接责任,因此 CMO 不需要拥有一个部门,而且合格的 CMO 所拥有的向其进行直接报告的人也很少。事实上,管理一个部门对于一个成功的 CMO 来说是不利的,因为管理一大批人将会分散其注意力而影响其在大范围内监控即将发生的危机或机会的信号的能力。它也会造成一些利益冲突(如保护一个部门或其员工,或者其他有关权力和控制力的传统象征),这会干扰 CMO 的主要职责,使其不能对上级管理部门和董事会汇报全部事实。CMO 将主要依靠其他部门的雇员和公司共享的服务来收集所需要的用来提供警告和实时汇报的信息。

CMO 及董事会

最后一个问题是和公司治理相关的:CMO 向谁汇报?当然,不同的企业会以不同的方式处理这个问题;没有两个企业的治理程序是完全相同的。然而,一个令人信服的观点是,如果企业授权 CMO 只向董事会汇报以确保他的独立性,那么企业将会获得最大的利益。

为了解释这个让人惊讶的观点,让我们来分析一下美国政府——一个人们在解决企业问题,特别是与延迟和官僚作风有关的问题时很少会从中寻找灵感的机构。[16]美国宪法中所规定的权力平衡确保了行政权力服从于一个独立群体的决定——总统能制定关于各个方面的政策,但最终决定权在一个独立群体(国会)的手里,它负责核准政府所做的预算并批准或限制一些政策的实施。同样,企业的高管也可以独立采取行动,但必须在制定预算、部署战略上得到名义上独立的董事会的批准认可。美国历史和企业的经历都提供了在两个群体间权力平衡不断变换的例子。有时,总统或高管们很软弱,受到严格控制;而有时国会或董事会充当着总统或高管的橡皮图章的角色,只履行审批手续而没有实权。不幸的是,美国政坛的多数情况以及最近美国企业中频繁出现的都是总统或高管故意欺瞒那些执行部门。美国国会——不同于标准的公司治理规划——已经找到了一种途径来保证其掌握有关政府行为的独立信息和影响国家健康、福利和安全的内部和外部因素,并保证其更加有效地让行政部门负起责任,这一途径便是美国审计总署。美国审计总署在它的网页上这样来描述自己:

> 美国审计总署是国会的审计、评估和调查机构。它的存在是为了支持国会履行其宪法规定的责任,帮助改善联邦政府的表现,并确保联邦政府履行其对美国人民的责任。美国审计总署检查公共基金的使用情况,评估联邦纲领和行为,并提供分析、选择、建议和其他辅助性措施来帮助国会进行有效监督,制定政策和决定资金的使用。在这种情况下,美国审计总署通过财政审计、规划审查和评估、分析、法律意见书、调查以及其他服务来不断

第七章

改善联邦政府的财政状况、效率和有效性。美国审计总署的工作是为了确保行政部门履行宪法规定的其对国会的责任以及联邦政府履行其对美国人民的责任。美国审计总署将通过恪守其负责、诚信和可靠的核心价值观来致力于建立一个好的政府。[17]

对于 CMO 的内部报告和监控职责的目的和角色,我们很难再给出一个更好的描述了。

这里的关键在于美国审计总署独立于行政部门,这使其能够客观地汇报政府工作的效率和有效性。作为 CMO,要想把警告高管和董事会的工作做到最好,他们也必须独立于组织的行政管理部门,即 CEO。安然公司的谢伦·沃特金斯(Sherron Watkins)在 2002 年 2 月美国众议院能源和贸易委员所做的证词中说明了这种需要:"我不能带着我的顾虑去坦然面对斯基林(Skilling)先生或法斯托(Fastow)先生。我相信这样做会使我失去工作。"[18]一个合格的 CMO 必须没有任何顾虑,可以在其工作不受到威胁的情况下汇报实情。当然,沃特金斯女士的证词也指出了拥有一名向董事会汇报的 CMO 的另一种潜在好处:CMO 会提供一个保护伞,让所有员工在报告可疑的破坏行为或不法行为时不用担心遭受报复。拥有一个 CMO 来向董事会汇报,公司将更好地满足 2002 年制定的萨班斯—奥克斯利法案(Sarbanes-Oxley)中所规定的对揭发者的要求。该法案涉及了与会计和企业管理相关的一系列问题,其中有一个规定是用来保护"揭发者"

的，因为他们害怕如果揭发公司有违法行为或违法嫌疑，公司"会用解雇、降级、停职、威胁、骚扰或其他歧视性方法对其进行报复"。[19]一个独立的CMO的存在也将作为一种有力的检验工具，来对公司破产和重组专家格雷格·雷伯恩（Greg Rayburn）所描述的欺骗性行为的初始步骤进行检测。沃顿商学院教授兼泰科公司顾问迈克尔·尤西姆也赞同这一观点，他说：

> （公司）需要一个机制来确保信息能传送到最高管理层和董事会那里。这中间会有很多障碍。正如我们在过去两年的例子中看到的，这会带来广为人知的破坏性极强的结果。因此，任命一个人来挖掘数据、扮演黑脸、揭露内幕、摸清底细，无论用什么来比喻这个人的职责，都是一个好主意。[20]

事实上，尤西姆强调，只在高管层有一个CMO是不够的；要想获得完全的成功需要在整个企业中拥有多个类似CMO的职位。就像他在接受《商业周刊》采访时所说的，"你必须拥有监控隐藏在公司内部的不利因素的设备"。[21]至于用来抵御诱惑的设备，再好不过的就是一个有责任汇报事实的独立高管。

当然，需要指出的一点是，美国审计总署和CMO都不是完全独立的。美国审计总署要依靠国会为其提供资金。在私人谈话中，美国审计总署的职员会告诉你，对于那些在决定他们未来资金方面具有举足轻重地位的国会议员所提出

第七章

的意见，他们会格外注意。当美国审计总署职员觉得他们有必要提出一份不支持这些国会议员观点的报告时，他们对诚实、正直的承诺就会受到考验。这同 CMO 很快会发现董事也各有倾向是一样的道理。绝对的独立是不可能的，但要求 CMO 向董事会汇报是确保最高独立性成为可能的最佳方式。赋予其 CMO 这种独立性的公司将会从这一新的行政职能中获得最大利益。

有关管理的讨论如果不提报酬的问题都是不完整的。为 CMO 制订适当的薪酬计划是一项重要的任务。在制订这种创新的薪酬计划时，专家会受到挑战。需强调的主要问题之一是，CMO 这个职位，特别是如果其履行内部监控并汇报的职责，在企业中将不会是个受欢迎的职位（可类比电影或电视节目中的警察局内部事务调查科的官员）。如果没有适当的薪水来补偿这个职位将会受到的潜在敌意，任命 CMO 将会比安排人到董事会工作难得多。[22] 当然，CMO 的薪酬应与其在公司中的绩效挂钩。但是，评价一个 CMO 的绩效不是一件容易的事，因为一个人是否在这个职位上称职并不是很快就能衡量出来的。对于需履行远距离监控职责的 CMO，需要制订一种延迟薪酬计划。决定适当的薪酬不是件容易的事，对于一些公司来说，完成这项工作可能延缓第一任 CMO 的任命或很难让一个人在这个职位上做得很久。

小结

实时企业的成功在很大程度上取决于将三个新职能成

功地融合在企业中。要在战术层面从实时机会探测转向成为实时企业的第二步和第三步,需要三个新的职能。没有远距离监控,就无法终结所有的经营风险;没有内部监控和报告者,高管人员就不能获得需要的所有信息;没有实时企业变革的领导者,就无法监控企业最重要的流程并作出快速的应对。一些组织会通过把这些职能分配给现有的高管人员来完成从实时机会探测向实时企业的转变,而这是一个艰难的历程。最成功的实时企业,那些受到称赞、学习、模仿的企业会任命一个新的高管——CMO来负责这些职能。那些有先见之明,保证了CMO独立性的公司将会受益匪浅,它们会成为在未来十年中主宰市场的企业。

第八章 未来的实时世界

前面两章已经探讨了在整个组织中实施实时机会探测会给企业及其重要的流程带来的变化。当然,文章中所描述的变化并没有包括所有可能产生的变化。随着越来越多的组织通过系统地实施实时机会探测来不断地解决突发事件,并开始实施一些使它们成为实时企业的流程变革,行业、经济和社会都将受到很大影响。其中的很多变化除了有着共同的根源外很少有共同点,这个共同的根源就是这些企业都已经不再是突发事件的受害者,它们都更具有效率,取得的结果也更好。

技术循环曲线

要想为将要发生的变化提供背景环境和时间框架,并将关于实时企业的宣传纳入其中,高德纳公司的技术循环曲线(见图 8-1)是十分有用的。多年来,人们一直用高

第八章

德纳的技术循环曲线图来说明一项新技术或新概念从开始出现到普遍应用这样一个完整的过程。值得注意的是，实际上任何一种技术或商业新发明都可以很容易地在技术循环曲线的各阶段表现出来。简单地说，当引进一种具有开拓性的技术或概念时（萌芽期），一些个人和群体就会开始意识到它的潜在应用价值，因而这种技术或概念就会迅速引起人们的想象。新闻媒体领会到人们的这种想法，开始针对这个话题进行报道，这会迅速引起人们期望值的激增。一旦人们的期望值到达顶峰（过热期），且早期的应用者开始遇到技术上的挑战，就会出现许多文章质疑这种新技术或新思想是否真如它所承诺的那样。于是，期望值迅速下降，人们很快就会戏剧性地从毫无理智地赞扬新技术或新思想转向毫无道理地批评它（谷底期）。最终，在这种背景下，那些首先尝试这种新技术或新概念的公司开始从中获益（攀升期）。慢慢地，人们开始达成一种新的共识，认为尽管这种新技术或新概念并不能解决所有的问题，但是它可以解决一部分的问题（成熟期）。最近出现的平衡记分卡和顾客关系管理等概念也遵循这一发展轨迹，它同时也适用于无线区域网等技术领域。现在，所有这些概念和技术都已发展成了真正的商业工具，人们对它们的使用和影响的期望值也变得切合实际。

图 8-1

技术循环曲线显示了一项新技术或新概念被采纳的过程。

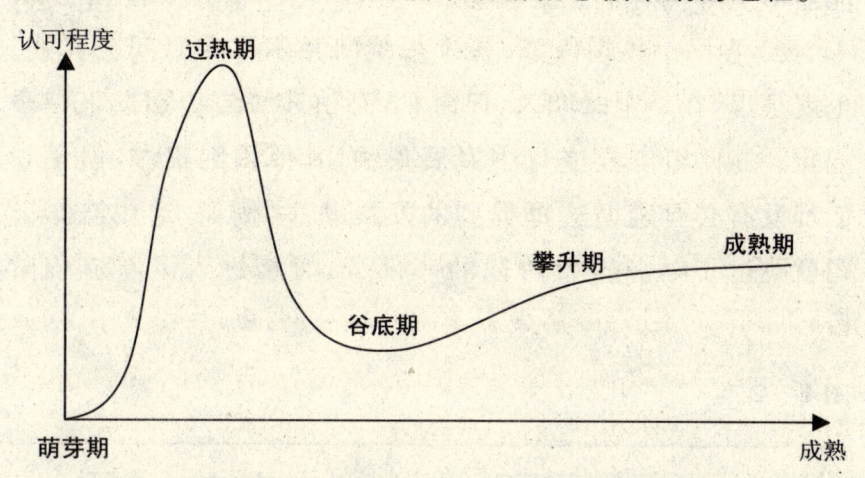

```
认可程度
  ▲
  │      过热期
  │       ╱╲
  │      ╱  ╲
  │     ╱    ╲          攀升期      成熟期
  │    ╱      ╲         ╱────────────────
  │   ╱        ╲_____╱
  │  ╱         谷底期
  │ ╱
  └─────────────────────────────────────▶
  萌芽期                                成熟
```

实时机会探测这一概念,更具体地说是实时企业这一概念,也会遵循类似的轨迹(见图 8-2)。如今,我们正在向"过热期"靠近,在 Google 上一搜索就可以查到 10 000 多条有关实时企业的封面故事或文章。(达到成熟期的一个关键性标志是销售商和顾问无论销售的是什么产品都采用一种概念作为其产品的门面。)在实时企业发展曲线跌宕起伏的情形下,许多实施实时机会探测的公司已经获得了进步(正如第五章和第六章的案例显示的那样)。虽然人们对实时企业这个概念的态度时冷时热,但最终的结果是这个概念会使每个公司和整个经济的文化和过程发生巨大的变化。不可否认,实时企业技术循环曲线在时间的安排上有些激进。但是,它为理解实时企业产生的一系列变化提供了一个框架。

现在,有两件事值得我们关注一下:

第八章

1. 不同组织的时间分界线可能会有很大的不同,当一些组织已经向 CEO 和 CFO 提供每股盈余日报时,其他组织可能还不了解实时企业的概念。

2. 在一个组织内部,各个步骤间并不存在时间分界线。也就是说,在一定时期内,任命 CMO 并不一定会引起下一步变化。一些组织在变化中发展很快,其他的则很慢,但是它们都没有必要遵循这里提到的发展顺序(例如,通用汽车公司就跳过了财务报告阶段的一部分,直接进入了新流程阶段)。

图 8-2

这个实时企业技术循环曲线显示了实时企业发展过程中的重要阶段。

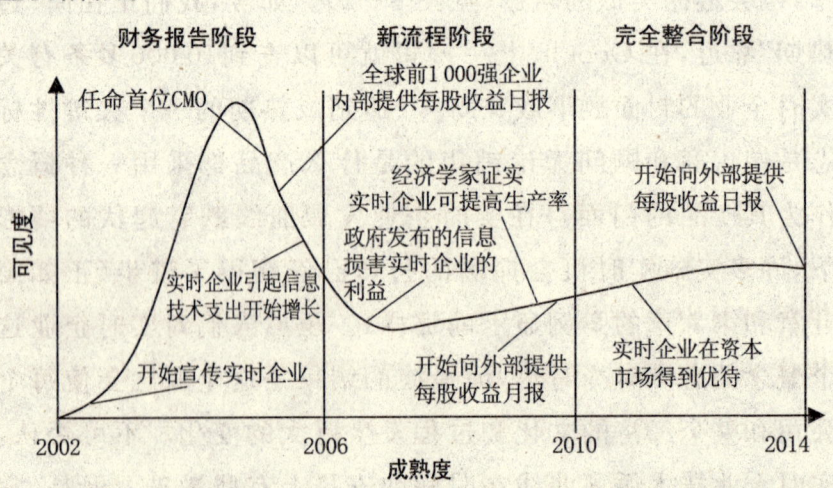

财务报告阶段　　新流程阶段　　完全整合阶段

- 任命首位CMO
- 全球前1 000强企业内部提供每股收益日报
- 经济学家证实实时企业可提高生产率
- 政府发布的信息损害实时企业的利益
- 开始向外部提供每股收益日报
- 实时企业引起信息技术支出开始增长
- 开始宣传实时企业
- 开始向外部提供每股收益月报
- 实时企业在资本市场得到优待

纵轴:可见度　横轴:成熟度

2002　2006　2010　2014

实时企业的发展分为三个基本阶段。首先,当高管们决定投入资源进行必要的转变时,组织就会开始监督和报告财务指标，如收入、费用、现金流量以及利润。对这些指标监控和报告后，低效率的运作过程得以凸显，便进入发展过程的第二个阶段。最后，改善了这些低效率的运作过程之后，组织会将注意力向外部转移，将其实时信息流与合作伙伴（包括顾客和供应商）联系起来，这就进入了第三个阶段，即完全整合阶段。

在向实时企业转变的过程中，许多变化和发展阶段都是能够预料的。但是，一些在组织内部环境中以及整个经济大环境中出现的额外变化是无法预料的，无论是积极的还是消极的。

财务报告阶段

就像第五章和第六章提到的例子，一些公司已经进入了财务报告阶段。到2006年，每个行业的龙头企业都会进入甚至有可能完成这个阶段。

向高管实时报告每股盈余

向实时企业转变过程中首个可衡量的结果是为高管提供的每日财务报告。一项由普华永道会计师事务所在2001年代表世界经济论坛作的调查询问了1 161名CEO："当评估公司价值时，您或者投资者重视的是什么？"[1] 最普遍的答案毫无疑问是利润和现金流（见图8-3）。

因此，当CEO及其高管团队承担实现实时企业的任务并且使用识别模型时，针对模型中关于目标及首要任务的问

第八章

题,答案很可能是利润和现金流指标。当然,这两个指标很容易通过识别模型的其他测试,并顺利通过验证模型。一旦高管们开始实施实时机会探测过程,利润和现金流将会成为首要的两个监控指标。对它们的监控将以在企业内部公布每股收益日报的形式进行。

图 8-3

普华永道会计师事务所对 CEO 的调查表明,CEO 们关注的首要因素是现金流和利润。

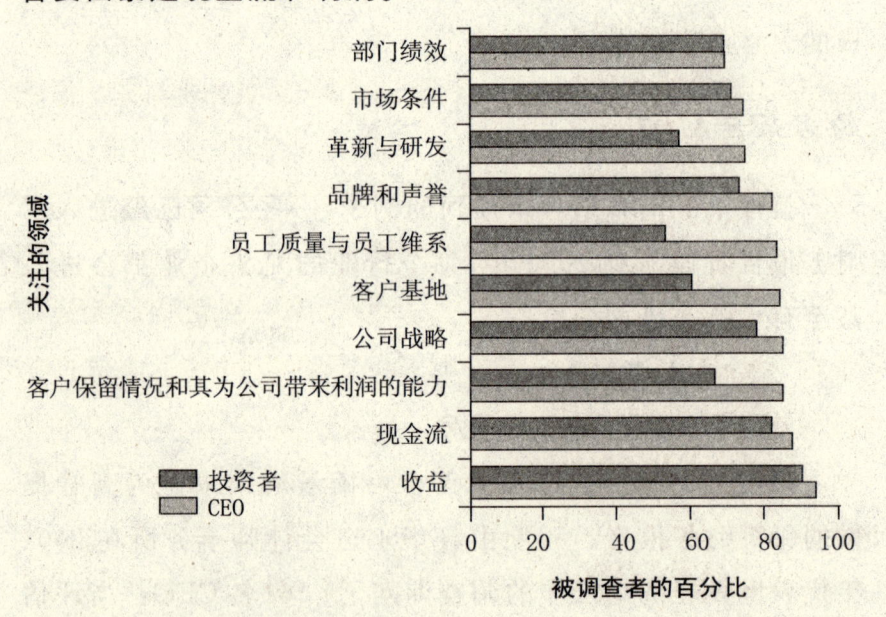

关注的领域（从上至下）：部门绩效、市场条件、革新与研发、品牌和声誉、员工质量与员工维系、客户基地、公司战略、客户保留情况和其为公司带来利润的能力、现金流、收益

图例：投资者、CEO

横轴：被调查者的百分比（0, 20, 40, 60, 80, 100）

资料来源:普华永道会计师事务所。

很多组织已经能够做到这一点。据威特斯欧公司的 CIO 迈克尔·瑞里西所说,他们公司在收集销售数据实时信息方面的努力使他们几乎已经可以确切地估计每日的营业

收益。零售人员使用销售点终端系统实时记录销售额是他们获得这一能力的关键因素。通过利用这种技术支持,威特斯欧公司在监控销售额的同时也对主要的可变人力资源开支进行了监控。瑞里西评价道:"虽然每天的收益不是公司关注的目标,但公司面临的最大困难是确定总部工作人员能够实时输入采购单。我们能从分店获得所有需要的数据来完成这项任务。"[2] 一家拥有稳定的固定成本的大型服务公司(公司拒绝透露名称)正在分析它的客户信息并将客户类别与收入挂钩。公司用了三年多的时间收集数据,现在能够在每个季度开始时利用每种类别的客户数量预测公司的收入。有了这些信息,该公司可以预测每个季度的利润,误差仅在1％以内。

对于信息技术开支和经济的影响

在公司向实时企业转化的过程中,第一个被广泛关注的影响可能是信息技术成本的增加。转变为实时企业所面临的流程及信息技术的挑战并不只是作为CMO出现的驱动力,继互联网热之后,它们将再次引起信息技术成本的大幅增加。

以下是信息技术开支的主要集中区域。

> 对顾客资料记录、企业资源规划系统、物流系统、风险管理系统、会计系统以及其他一些系统中的现存数据进行整合(企业案例:德累斯顿银行股份有限

第八章

公司)。
- 自动获取一些现在只能手工完成的数据资料(企业案例:琥珀木家居建筑公司)。
- 开发网络,将数据实时传送到分布在各地区的接收终端(企业案例:威特斯欧公司)。
- 提供实时分析工具,以使管理者能够挖掘数据,发现不可预料的结果及其产生原因(例如对航空业有利的系统)。

用技术代替低效率的手工操作过程并升级现有系统以处理实时信息,这将为信息技术产业带来巨大的益处。信息技术开支的增长也具有重大的意义。一项关于最近经济衰退的调查揭示了信息技术开支对于整个经济状况的重要性。

当然,实时企业生产力的提高会给经济带来更大的好处,并且为更多的技术投资扫清道路,以继续推动对所有相关指标的实时监控。

信息技术产业引起的经济衰退之后会出现由信息技术产业引起的经济复苏吗?

始于2001年3月的经济衰退现象在某种程度上有些奇怪。真正的经济衰退要求GDP连续两个季度全面紧缩,但是在2001年3月,GDP的三个组成部分只有一个部

未来的实时世界

> 分出现下跌。消费者的消费水平实际上在上升,而政府消费至少是保持了同等水平。GDP 中唯一下跌的部分是国内私人投资总额(见图 8-4)。在这方面,下跌最严重的是企业资本投资。继续深入探究显示企业资本投资下跌的主要原因是信息技术投资的显著下降(见图 8-5)。[3]
>
> 因此,随着信息技术投资的增长使实时企业的出现成为可能,整个经济也会得到巨大的推动。

图 8-4

GDP 的各组成部分显示,在上个经济衰退期内只有国内私人投资总额下降。

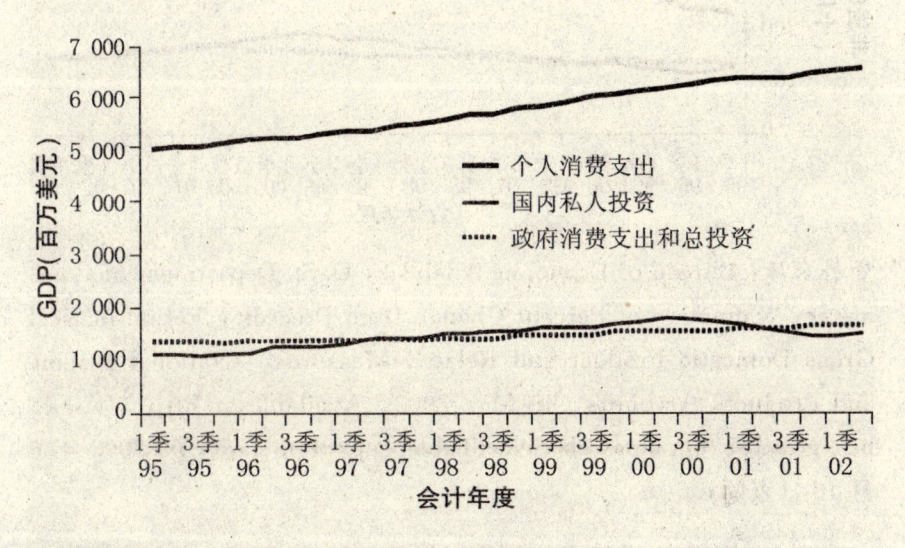

资料来源:Bureau of Economic Analysis, U. S. Department of Commerce, "Summary of Percent Change from Preceding Period in Real Gross Domestic Product and Related Measures," National Income

第八章

and Products Accounts, 30 May 2003. Available at http://www. bea.gov/bea/dn/nipaweb/SelectTable.asp? Popular=Y（2003年6月10日查阅）。

图 8-5

从1995年到2002年间的非居住用固定投资额数据显示，信息技术产业开支的下降是经济衰退的主要原因。

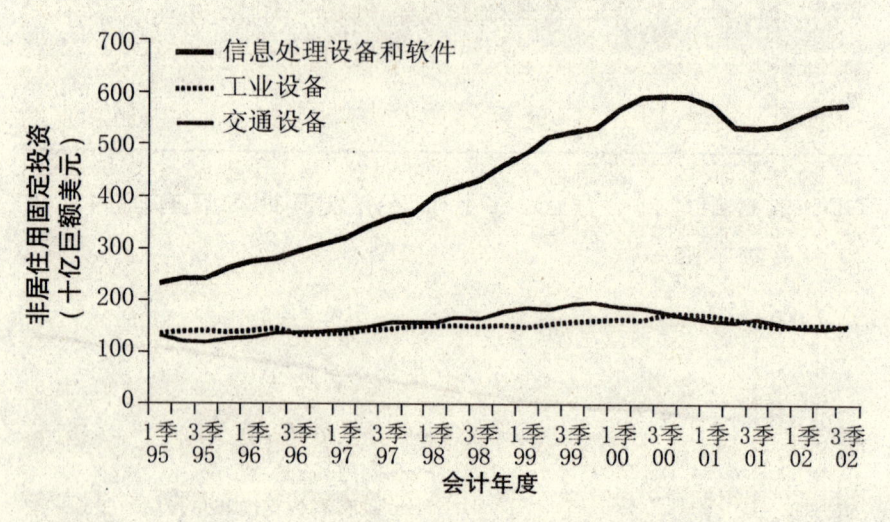

资料来源：Bureau of Economic Analysis, U. S. Department of Commerce, "Summary of Percent Change from Preceding Period in Real Gross Domestic Product and Related Measures," National Income and Products Accounts, 30 May 2003. Available at http://www. bea.gov/bea/dn/nipaweb/SelectTable.asp? Popular=Y（2003年6月10日查阅）。

由于信息技术开支的增加有助于企业提高生产力，因此会造成失业，这在某种程度上抵消了信息技术开支增加带来的积极影响。随着技术逐渐代替人工来实时获取信息，一类工人将不再是必不可少的。出现失业的工作主要是那些采用非整合系统的工作,这些工作要求人们从一个程序或系统中提取数据并传送到另一个程序或系统中去。

新流程阶段

那些采用了新的实时财务报告的行业龙头企业很快会转移注意力,开始关注它们在为公司高管提供每股盈余信息过程中遇到的流程延迟问题。和财务报告阶段的情况一样,一旦新流程阶段开始,就会导致一些员工失业。由于企业的注意力将从数据收集转向提高应对效率,因此这次失业会出现在公司的每一个阶层。

公司治理方面的挑战——短视的CEO

在上一章我们提到了企业在转变为实时企业过程中所要面临的人力资源方面的挑战,威特斯欧公司的CIO迈克尔·瑞里西回想起他第一次在一个现已倒闭的零售企业尝试采用实时信息的经历:"经理们过分关注眼前的交易,以致他们都忽略了整体状况。即便有了这些实时信息,他们作出的决定越来越糟,而不是越来越好。"[4]每个层次的经理和高管都会在公司转变过程中经历这样的挣扎。在一些企业里,这种挣扎会导致管理上的灾难。

有一段时间,正如本书前面提到的,对于当今资本市场仅仅关注完成季度利润指标的现象出现了很多批判。很多人抱怨说这样做的结果是会出现很多忽略了公司长期发展

第八章

目标的 CEO,他们只是根据每季度的目标管理公司。抱怨的原因在于,虽然这种缺乏远见的行为能使短期效益最大化,但从长期来看,这将带来灾难。当人们对实时企业概念的期望值不断下降时,这将成为对该概念的主要指责之一——当公司设有短期目标时,有关利润和现金流的实时信息会使短期目标更加突出,在公司没有短期目标的情况下,这些实时信息会为公司设定一个短期目标。

这一指责是有根据的。和其他管理者一样,CEO 很容易错误地理解和使用实时信息。一种情形是,CEO 规定,只有那些对利润和现金流作出直接贡献的高管们才能直接向其报告。这样一来,从 CIO 到公司顾问,再到人力资源经理以及 CFO 等高管都会处于报告制度中的偏远等级,无法直接向 CEO 报告。另一种情形是,CEO 会变成处理微小事务的经理。他们会被迈克尔·瑞里西所提到的病症所影响——他们会寻找所有没达到预期的项目,无论该项目有多微小。这种情形与我们很多人第一次在自己的电脑上看到股票价格的实时信息时相似,我们无法禁住诱惑,紧紧地盯着股票价格上下浮动。很快,我们开始为任何价格上的微小变动寻找原因:"有消息公布?竞争对手刚刚公布收益?联邦储备委员会公布了新的调查报告?"这种情形已经在生产驱动器的迈拓(Maxtor)公司出现。当公司高管第一次获得了有关存货水平和积压销售的实时信息后,他们花了大量的时间讨论哪些数字是最近的。[5] 尽管这些都是简化了的例子,我们也不难发现一些高管确实陷入了实时信息的陷阱,疯狂地监控财务指标上的每一个新的变化,而过分关注这些变化最终损害了公司的整体利益。正如一个司机把所有注意力都集中于计速器以保持适当速度,那么他就会使自己陷入危险,因为他没有注意路面状况。因此,这些高管的良好意愿可能会导致他们努力避免的消极结果出现。

　　当然,还有其他公司治理方面的挑战。很多企业的CMO无法顺利地融入公司。在一些企业中,对于是否需要任命CMO,以及哪些高管需要向董事会汇报,高管和董事会之间存在很大的争议。在另外一些企业中,COO和CFO会觉得他们的权力被CMO侵犯了,因此他们会通过辞职或制造难题等方式进行抗议。又会有报道将实时企业与公司高管人事变动联系起来,或者通过公司内部管理的一些问题认定实现实时企业毫无价值。这些情况不会占主导地位,但是仍然会存在,而且新闻媒体会公开报道这些情况,使得一些企业延迟它们向实时企业转变的计划,或者彻底放弃该计划。

　　而就是在这种背景下,这些治理问题在一些公司也得到了解决,因此它们开始享受向实时企业转变带来的更大利益。许多CEO对待有关利润和现金流的实时信息的方式同飞行员看待飞机上安装的空中防撞系统一样。由于飞行员知道在可能出现碰撞时,该系统会提出警告,因此他们可以将注意力完全集中在其他重要事项上,而不必持续地监控雷达系统,以发现靠近的飞机。同样,这些高管会将实时信息在企业内广泛公布,并相信当利润和现金流的实时信息显示

第八章

有问题发生时,他们的团队能作出适当的应对,或者在必要的时候(只有在必要的时候)通知高管。

这正是里克·瓦格纳在通用汽车公司采用的管理方式。虽然通用汽车公司拥有各种实时监控生产数据的手段,但据瓦格纳估计,他收到警报的次数平均不足每月一次。像瓦格纳这样的 CEO 不会事必躬亲,但他们会避免官僚主义作风,并在发现问题需要立刻解决的时候直接找到问题的根源。因此,在 CEO 寻找问题的根源及适当的应对方式时,很大一批经理和员工都会习惯回答他直接提出的问题。例如,通用汽车公司的销售高管们知道,如果销售额连续三天低于预期,瓦格纳就会打电话询问他们打算如何提高销售额,使其符合预期。

像瓦格纳一样利用实时信息这个工具将自己从无须特别关注的日常事务中解脱出来的 CEO 们很快会发现,他们将大部分时间用于制订战略计划。因此,成为实时企业无须对短期目标过多关注。相反,实时企业能够更加关注长期的发展。

泰坦尼克综合征

泰坦尼克号沉没事件为我们提供了很多关于实时信息的价值和使用方面的教训。这一事件也为我们提供了在向实时企业转变过程中不能过于狂妄的启示。在企业未来十年的发展中,人们对实时企业的看法将会受到的重大打击之一是,在那些自称为实时企业的公司中将会出现泰坦尼克号式的灾难。众所周知,泰坦尼克号在修建时曾被称为"不沉之船",人们对其坚不可摧的信心直接导致了灾难的发生。虽然已经得到警报说其行驶的海域有冰山,但船长因为害怕泰坦尼克号的处女航出现延迟,决定相信轮船的坚固性并全速前进。这致使在遇到危险时,突然改变航线已不可能。

实时营销

当企业开始使用销售额、现金流、盈余等方面的实时信息时,不仅仅是CEO和CFO受到显著影响,也给营销管理带来深刻的变化。与封闭的营销活动相比,与实时监控相联系可以为营销战术的制定带来很多好处。在这种情况下,公司利用数据库中储存的数据,便可以根据目标顾客的特征,设计具有针对性的促销推广方案,从而吸引目标顾客。促销方案推广后,便可以从目标顾客中选择受众来收集数据,以测定他们对于产品的认可程度。然后,根据从目标顾客那里得到的实时反馈结果,快速调整产品从而使其最大化地满足顾客需求。调整后的产品再次进入市场之后,继续使用实时系统进行监控,进一步根据顾客的反馈对产品进行调整,如此循环,反复不已。

营销人员对于在实时企业中实施营销方案执行情况的快速反馈又爱又恨。对于销售情况的实时反馈,可以帮助营销人员调整方案,集中精力于即期的销售目标,取得期望的结果。另一方面,短期营销活动所产生的投资回报

第八章

> 很明晰,这会给营销人员以很大的压力,并促使他们关注一些能够反应长期回报的指标,如品牌构建和品牌知名度等。根据实时信息的反馈,可以根据以前从没有过的直接和具体的结果来检验营销人员的努力程度。

当世界1 000强企业在成功实施了实时企业探测,但却因此遭遇麻烦时,实时企业概念发展过程中的"低谷期"很可能就会出现。那些自称为实时企业的公司认为自己已经确定了每个需要监控的因素,因此可以全速前进,实施其战略发展计划。这些企业会忽略重要的风险管理实践,认为它们都已过时。结果,这些公司会对它没有监控的市场变化完全放松警惕,并在收入、市场份额以及股票价格等方面遭受巨大损失,因而认为实时企业概念毫无作用。但是,正如泰坦尼克号的灾难没有终结横渡大西洋的航行一样,这个灾难也不会终结实时企业的发展。事实上,当许多企业发现在灾难发生前是有警告的,它们会最终得出结论,认为灾难实际是实时企业优势的有力证明。得出这个结论的公司会加倍努力,以确保它们对突发事件和风险管理情况都实施了监控,并提高它们的应对能力。许多还没有任命CMO的企业会立即增设这个职位,以确保它们在向实时企业转变过程中没有忽略重要的信息。

理想的顾客和供应商状况

成为实时企业还会对建立和维持供应商和顾客网络有

着巨大的影响,这和沃尔玛采用的零售网络很相似。沃尔玛在零售市场和最佳商业实践案例中都占据主导地位。它不仅是世界上收入最高的公司(2002年收入超过2500亿美元),而且在美国每20个零售业工人中就有一个受雇于沃尔玛。在各种书籍和杂志中,经常可以看到一些沃尔玛的案例研究,讨论它是如何运作的,内容涉及从雇用员工到库存管理,从商业谈判到信息技术应用等各个方面。曾有一个故事——也许是虚构的,也许不是——讲述说在阿肯色州本顿维尔(Bentonville)市沃尔玛公司会见供应商的会议室里有一个标牌,这个标牌号称是向那些有兴趣同沃尔玛合作的供应商提出警告,除非它们有能力利用沃尔玛的系统以电子化方式交换库存和采购信息,否则它们就没有必要留下来参加会议。沃尔玛成功的一个基础就是和其竞争对手相比,它更好地利用了实时技术管理了库存。因此,沃尔玛拒绝与那些无法适应其库存管理系统的供应商合作。

同样,随着越来越多的企业发展成为实时企业,当它们与同样具有预测现在的能力的公司合作时,它们会发现效率和生产率得到了大幅提高。这些合作商最可能相互分享信息,使得所有参与合作的公司都能监控突发事件,拥有更长的应对时间,因而形成对突发事件的免疫力。作为客户,实时企业能够长时间遵守采购数量,比其他公司更好地遵守承诺。作为供应商,实时企业能够长期保证货品价格和供应。在这两种情况下,合作伙伴的稳定性和可预测性将会降低风险。因此,它们将会为实时企业提供优惠的合作条件,并努

第八章

力争取与实时企业合作。

琥珀木家居建筑公司的丹·约翰逊已经看到了实时企业所受到的这种优待。琥珀木公司的实时时间安排使得分包商能提前六个月知道它们的工作时间表,从而可以减少库存,因为它们无须为一些紧急工作作准备。约翰逊相信在五年之内,凤凰城地区足足一半的建筑商会采用实时时间安排。"当这种情况出现时,"他说,"分包商很快会开始对没有采用实时时间安排的建筑商收取更多的费用。它们不这样做是说不通的——因为如果没有实时时间安排,分包商的工作成本会增加。"[6]正如对沃尔玛来说与无法以电子方式交换信息的供应商合作成本过高一样,对很多企业来说,与非实时企业合作也会导致成本过高。

对董事会的影响

实时机会探测的广泛采用也会影响企业内部关系和公司治理。我们已经讨论了要成功转化为实时企业必须经历的一些公司治理方面的变革。其他不可预料的公司治理方面的变革也会出现,尤其是对于董事会而言。

任何有关美国公司董事会角色的讨论都必须从特拉华州公司法开始,因为超过一半的美国上市公司都遵守这个法律。特拉华州公司法规定,"所有遵守该法律的公司,其业务都必须由董事会来管理或在董事会的管理指导下运营"。董事会负责"任命公司业务需要的高管和代理"。[7]当然,董事会的忠实义务不仅包括任命高管,特拉华州法院规定董事会忠实义务的履行情况可以通过三个标准来衡量：善管义务、信托义务及忠实义务。[8]董事必须通过了解公司相关事宜，尤其是了解影响公司决策的问题来履行自己的善管义务。[9]

近来涉及会计丑闻的事件、公司"突然"破产、CEO离职，以及股价暴跌似乎暗示许多董事会都没有尽到其善管义务。事实上，这也是经历了类似丑闻的公司的董事为什么声称他们被高管们欺骗了的一个原因。特拉华州公司法免除了董事独立核查由他们任命的高管提供的信息的责任，为董事"可以相信公司的记录及公司高管或员工提交的信息、观点、报告或陈述"提供了完全的规避。[10]许多独立观察家发现董事会监督方面当前存在的一个问题是董事都担任全职工作，经常担任其他公司的CEO，因此他们没有足够的时间或者不愿意花费时间履行其善管义务。

实时企业的出现，尤其是CMO的出现会对董事履行其忠实义务起到很大的帮助，但同时也可能存在一些消极的影响。[11]好的方面是，有关公司重要业务的实时信息能使董事们更好地了解所需监督的公司的真实情况，而且不需要他们花费过多的时间和精力。对董事会公布的信息越多，公司运行的透明度就越高，也就更难隐藏或掩盖任何不利信息或不道德交易。

另一方面，一旦提供了有关公司重要业绩指标的实时信息或者任命了CMO，董事对潜在问题的更多了解很可能会使他们承担更大的责任，因为虽然他们通过实时监控重要业务流程获得了早期警告，但公司还是遇到了麻烦。在这种情

第八章

况下,董事们再也不能以对公司情况缺乏了解作为其合理卸责的借口。公司发布的低于预期、收入下降超过行业平均水平或者风险管理不当等消息都会使董事会面临更大的潜在责任。如果董事会收到了有关公司发展轨迹的实时信息,股东就会认为董事会没有履行其善管义务、信托义务或者忠实义务,因为他们没有采取行动解决问题。不难想象,在这种情况下,股东会指责董事会没有对公司进行足够的监督。对于那些没有强制要求在每次董事会上提供公司进展的实时信息的董事会(或者没有任命CMO的董事会)而言,它们所要承担的责任更大,尤其是在行业内的另一家公司采取了上述这些措施的情况下。因此,不利消息一出现,股东就会指责董事会说,没有任命CMO或者没有索取实时运营信息是它们没有很好履行善管义务的有力证据。不管怎样,实时企业和CMO为律师事务所提供了新的业务,无论它们是代表不满的投资者还是为公司辩护。

  在一段时间内,这些可能出现的情形会对董事及重要职员责任保险(即D&O保险)市场造成巨大的破坏。当公司及其董事和重要职员因法院的不利判决遭受损失时,或当对董事及重要职员的法定赔偿有限或不存在时,D&O保险会为其提供保护。[12]这种保护的一个例子就是,法院裁定"不当行为"是由公司董事及重要职员犯下的。[13]特拉华州和其他州立法院在处理违法诉讼时,要求原告充分举证,但直到出现一些诉讼案件前,我们还不能确定拥有实时信息及任命CMO会对案件有何影响。D&O保险市场的保险公司为了规避风险很可能会提高所有公司的保费或拒绝在更好地了解风险前制定新政策。

最终,由于公司的高透明度,实时企业会发现很容易吸引高素质的董事加入公司,高素质董事"市场"会按照公司与供应商关系的方式发展——只有实时企业能拥有高素质的董事。虽然在解决责任问题的过程中,高素质董事"市场"会上下起伏,但公司会发现除非自己是实时企业,否则就无法吸引到高素质的董事加入公司。

完全整合阶段

毫无疑问,随着越来越多的公司采用实时企业流程并开始与其他实时企业合作,整个经济都会受到巨大的影响。在2010年前,我们不期待会有足够的企业转化成实时企业以使人们感觉到这个影响,但该影响一旦出现,将会是令人瞩目的。

管理宏观经济

美国国家经济研究局负责记录美国经济的商业周期,公布经济衰退或扩张的起始时间。其最近发布的公告显示,2001年3月国家经济进入衰退期。[14]然而这项公告直到2001年11月26日才公布,也就是在经济衰退开始的8个月后。更让人震惊的是,美国国家经济研究局在2003年7月17日宣布此次经济衰退结束,而实际结束的时间与其公布经济衰退开始的时间几乎差不多——这一次,是在衰退结束后18个月公布的。这些延迟对于美国国家经济研究局来讲是司

第八章

空见惯的。表8-1显示了在过去25年中,美国国家经济研究局有关商业周期公告的时滞。

表8-1 美国国家经济研究局商业周期公告的拖延情况一览表

经济周期事件的开始日期	经济周期事件的开始日期与美国国家经济研究局商业周期公告之间的时滞
2001年11月低谷时期	18个月
2001年3月高峰时期	8个月
1991年3月低谷时期	19个月
1990年7月高峰时期	9个月
1982年11月低谷时期	8个月
1981年7月高峰时期	5个月
1980年7月低谷时期	12个月
1980年1月高峰时期	6个月

如果美国国家经济研究局的公告只用于学术研究,那么GDP下降与发布有关公告之间的时滞就是微不足道的。但是,实际情况并非如此。不只是联邦储备银行的政策,甚至全世界的财政和货币政策都受美国经济的影响。考虑到在公布GDP的情况时会出现时滞,人们有理由询问:"如果联邦储备委员会了解到了这一信息,那么他们在2001年经济衰退时期会不会更快地降低利率或者把利率降得更低呢?"

当然,联邦储备委员会并不仅仅依靠美国国家经济研究局的公告来决定其货币政策。联邦储备委员会的经济学家依靠大量的数据来源来形成最终决策,这些数据包括美国经济咨商会的主要经济指标、劳动力统计数据、消费者和生产者价格指数等。但是这些指标也不是实时的。

图 8-6 显示了用于帮助确定整体经济健康状况的六个经济指标，以及每个考察期结束后与公布考察结果之间的时滞。可以看到，劳工部花了 10 天时间报告上个月国家的就业状况。商务部花了整整 3 个月的时间提供上个季度的经济运行结果。另外，最初提供的数据经常要被修改好几次，例如，2001 年第 1、2、3 季度的最终数字直到 2002 年 7 月 31 日才公布出来，分别与每个测量期相差 487 天、396 天和 304 天。[15]

图 8-6

当美国劳工部和商务部收集整理的数据交至财政和货币政策规划者手中时，这些数据已经完全过时。

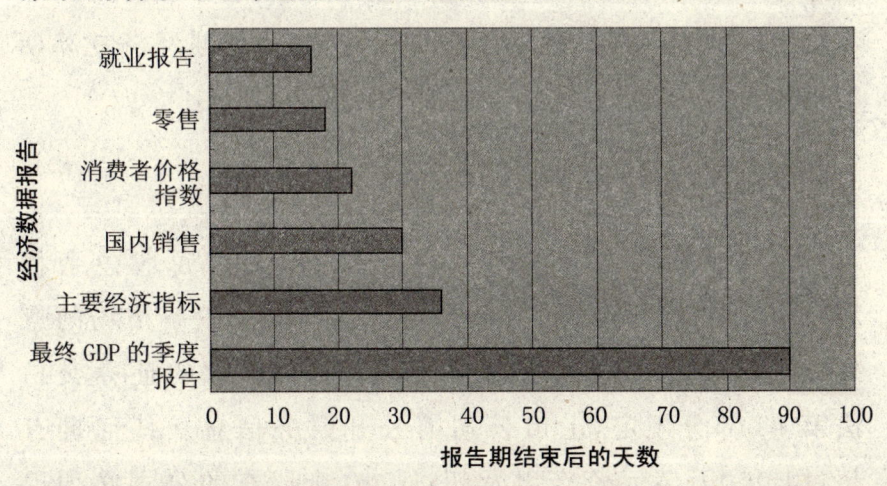

花费如此多的时间收集每个经济数据是有许多原因的。需要花费几天时间从成千上万的由劳工部进行问卷调查的

第八章

企业收集信息来最终形成国家的劳工报告,而在商务部最终公布 GDP 结果之前,又需要花费几个星期甚至几个月的时间最终确定国外商贸存货统计表。然而,随着越来越多的为这些经济报告提供数据的企业变成实时企业,人们实时收集这些报告需要的数据的能力也在提高。由于经济报告越来越倾向于报告实时发生的事件,财政和货币政策将开始享受与实时企业相同的机会。联邦储备委员会再也不用在利率增长或下降后等待 3—6 个月的时间来判断其效果,因为 GDP 状况、消费者消费水平、企业投资以及就业状况将会被每日监控。就像管理人员能够通过预测现在作出更好的决策一样,财政部长、国会和总统在实时经济信息的帮助下也会作出更好的决策。这样,实时企业将使国家经济更加稳定,因为它们能够使财政政策和货币政策制定者更好地调整其行为以减少经济低迷期不利结果的产生,加速经济复苏期的到来。

每日每股盈余

实时企业所拥有的另一种机制——每日每股盈余将和政策制定者洞察力的提高一起,通过减少股票市场的意外性来熨平经济周期。在美国,1934 年出台的证券交易法第 13 部分规定,上市公司需公开财务信息。任何拥有超过 1 000 万美元资产以及超过 500 个股东的公司必须提交公司状况以及财务状况的周期性报告,尤其是必须定期提交季度报告(10Q 形式)和年度报告(10K 形式)。[16]当有特殊事件发生时，如申请破产、高级职员或董事辞职，或者公司管理上发生变化等也必须提交报告(8-K 或 8-B 形式)。[17]

该规定的目的是通过要求公司向投资者或者是潜在投资者提供运营状况的重要信息来保护投资者。实际上，在当今世界，这些规定并没有提供任何保护，这并不是因为一些不法的高管故意操纵报告，而是因为这部法律自从 1934 年以来并没有进行实质上的更新以适应当今资本市场的快速发展。现在一项在东京时间下午发布的公告就能显著影响一个美国公司的前途和股票价格，而这时美国东部的人们还在睡梦之中。

现行的证券法规定，一个会计年度的前 3 个季度的季度报告需在这个季度结束后的 45 天之内提交，第 4 季度报告连同年度报告需在这个会计年度结束后的 90 天之内提交。[18]这就意味着投资者从前 3 个季度开始时一直要等 137 天才能收到有关这些季度的公司运营状况的报告，从第 4 个季度开始要等 182 天才能收到有关第 4 季度和年度公司运营状况的报告。即使是特殊事件，如申请破产，也无须在该事件发生 15 天之内提交报告。具有讽刺意味的是，虽然投资者能够看到股票价格的实时数据，但关于股票价格变动原因的信息在它被发表之时已经几乎可以存档了。

惯例和实践导致了更频繁的非正式的信息披露(例如，公司最常做的是在提交报告给证券交易委员会之前

第八章

发布关于赢利的新闻报道),但是这种变化的幅度不大,只是把经营突变和报告之间的时滞缩短了几天,而不是几周或者几个月。在监管方面,近期的一些变化,例如要求所有的信息必须同时向全体公众公布的充分披露规则,以及萨班斯—奥克斯利法案,实际上使高管们不愿意频繁地公开公司业绩信息,就连在缩短信息公布时滞方面的努力也很少。例如,2002年由证券交易委员会提出的一项提议:

> 证券交易委员会打算建议上市公司在每个会计年度结束后60天内提交10K形式年度报告,而不是90天。委员会同样打算建议上市公司在每年前三个季度结束后30天内提交季度报告,而不是45天。[19]

上市公司报告财务结果的方式会有所变化,但是这些变化不是由法规引起的,而是由实时企业引起的。正如我们讨论过的那样,公司在尝试转变为实时企业的过程中,最初应努力获得实时财务信息,实现以每股盈余作为评价上市公司成功与否的通用指标的目标。许多公司会在21世纪第一个10年的后5年估算甚至精确确定这个数字,并将其报告给高管和董事会成员。由于高管们掌握了这些由实时监控带来的经营流程和程序的变化,他们会对公司的经营和财务绩效有一个前所未有的了解。为什么不和投资者分享某些信息,使他们能够更频繁地确定公司运作是否正常,而不是每年只

未来的实时世界

有四次呢？当这个 10 年即将结束时,能够从内部获得每日每股盈余信息并在竞争中取胜的公司的 CEO 就会发现他能够在资本市场获得巨大优势,这不仅仅依靠在季度结束后 24 小时到 48 小时内发布经过审计的财务报告,更重要的是在季度内的特定间隔期也发布报告,例如每月公布一次财务报告。毫无疑问,投资者会蜂拥追逐有着如此高透明度和信息流动性的成功公司。

无论高管们意识到与否,第一次公布月每股盈余的日子与 1945 年 7 月 16 日,即第一颗原子弹爆炸那一天具有同等的纪念意义。正如在内华达州的阿拉莫戈多(Alamogordo)成功爆破第一个原子装置引发了将在未来 50 年主宰国际政治的核武器军备竞赛一样,第一次主动公布近似实时盈余这件事也标志着将会主宰金融市场多年的金融"军备竞赛"的开始。第一次公布后不久,同一行业的其他公司由于市场所迫也不得不提供相同水平的透明度。另外,其他行业的公司也会注意到第一个先行者在资本市场取得的成功,并尝试仿效。很快,其他公司会发表每周报告以赢得优势。至此,理论上距离公布每日财务报告就只有几步之遥了。

对资本市场的影响

最终,在每日和每周报告与管理宏观经济的能力提高的共同作用下,国际资本流动可能发生重大的变化。如果工业化国家在这个领域中的转变明显快过其他国家,稳定

第八章

的资金流将会撤离那些落后的经济区域而进入那些使用实时信息的经济区域,因为实时信息带来了更稳定的经济发展、更可预见的增长,以及更少的突发事件。这些结果的取得并不要求所有或者大多数公司成功转变为实时企业。一旦20%—30%的公司在消除突发事件上取得了巨大进步,它们就会对经济稳定产生积极影响,这种影响很大,和企业的规模不成比例。因为它们既不会过度改变市场,也不会错过任何有价值的时机,因此这些组织会有助于熨平商业周期,保护非实时企业不受突如其来的市场变化的侵害。

可能会有人认为,资金从一个或多个地区稳步地转移到另一个地区很可能对美国有利,而损害日本和欧洲的利益。如果历史趋势保持不变,欧洲在采用技术方面的低速度将会限制它们的发展,而日本对于透明度和结构变化的怀疑对它来说也是一个障碍。另一方面,韩国和新加坡的公司对应用新技术的热忱将推动其经济的发展。经济的全球化可以抵消很多国家和地区的历史趋势的限制。但是,如果历史趋势依然存在,那些在实时企业转化方面落后的国家就需要采取措施迫使它们迅速转变以减弱资本流动带来的影响。

小结

实时企业形式的一个小变化也会产生巨大的影响。开始时,由于个别管理者预测现在并且使自己和上级提前预测挑战和机遇，彻底的大规模变化发生了。这些变化，随着它们的传播，将会改变公司的管理模式、公司选择供应商和顾客户的方式、国家经济管理的方式，以及参与全球经济竞争的方式。这些变化将会在未来10至20年间相继发生。在媒体和管理人员处于期望值过热期时，这些变化会被大肆宣传；而处于期望值低谷期时，往往被完全忽略。总之，这些变化将会发生，并且被认为是由实时机会探测带来的终结企业突发事件的最终成果。

结语　从现在开始

这本书首先提出了一个令人震惊的假定,即所有的商业灾难和机会出现前都存在警告,更重要的是,当今的管理者具有史无前例的终结企业突发事件的能力。实现这些目标的工具都已被应用或者普遍存在。唯一的障碍是无法终结企业突发事件的错误假定。威特斯欧、福特以及易趣等公司每天都在证明原有的假定是错误的。由于它们对与公司最重要目标相关的重要信息进行了实时监控(而没有在大量的关于非重要事件的实时数据中迷失),公司业务的很大部分都能够抵御突发事件。这些公司的多样性说明,预测现在和实时机会探测的原则并不局限于某些特定的行业或者特定规模的公司。任何规模和类型的公司的管理者都可以利用识别和验证模型找出需要实时监控的信息并开始实施实时机会探测。

从最初的实时机会探测到成为实时企业是一个漫长的

结语

过程。企业对所有最主要的经营流程采用实时机会探测需要多年的时间,但提高企业在这些流程中的应对能力需要的时间较短。毫无疑问,如果企业任命一个或多个高管负责远距离监控、实时企业变革领导以及内部监控和报告的职能,向实时企业的转变过程会变得容易些,但这种转变仍然是个艰巨的任务。转变中一个不可缺少的部分是管理者和整个企业学习如何应对当前冲击,这是一个缓慢的过程。

当前冲击

1970 年,阿尔文·托夫勒(Alvin Toffler)创造了"未来冲击"一词,意思是"由于社会行为及价值观念的急剧改变使人受到压力而产生无所适从的感觉"。[1]也许现在是创造一个新词的时候了,这个新词就是"当前冲击",即改变管理及工作方式以关注问题的发现而非应对的困难性。

在人类历史的数百万年中,只有在过去的 175 年里人们才能够及时了解其视线及听力范围之外所发生的事情。如果不考虑这个事实,我们或许很难理解为什么改变公司关注的焦点如此困难。1844 年,塞缪尔·莫尔斯(Samuel Morse)公司在相距 40 公里的巴尔的摩(Baltimore)和华盛顿之间发送了第一封电报,并开创了一个新的时代,使人们能够了解其视线及听力范围之外的事情(这条信息是:"上帝改变了什么?")。[2]在这个具有重大影响的事件发生之前,我们了解正在发生的事件的能力限制了人们对已经发生的事件作出应对的努力。简言之,作为一个物种,我们认识到了自己在听力及视线方面的局限性,并着力培养自己在对事件作出应对而非在事件发生时对其进行探测的能力。尽管我们现在生活在一个可以与国家另一端的人们实时交谈并能实时观看到在地球另一端进行的体育赛事的世界里,然而我们仍然没有能力改变我们思考问题探测和问题应对的最基本方式。正如工厂需要40年时间通过使用电动机提高生产率一样,我们也需要多年的时间才能真正了解"现在"的力量。

准备,成为实时企业

我希望这本书使你对现在和实时信息有了更深的了解。实时机会探测和实时企业将会使企业有所改变并对整个经济产生影响,但这种变化每次只会在一个管理者那里发生。第一章介绍了在企业内实施实时机会探测的管理者在物质及声望方面可能获得的好处。成为这样一个管理者的第一步是问自己:"有没有关于客户、新的发展趋势以及不可预料的机遇等方面的信息会使我改变当前的行动方针?"毫无疑问,答案肯定是"有"。如果这样的话,就从今天开始采用识别和验证模型以确定哪些实时信息会给你带来最大的好处并对其进行实时监控吧。

当你阅读这本书时,全世界的管理者已经开始利用实时信息改善其公司的业绩了。福特汽车公司已经开始收集实时销售信息,并对价格作出微小的调整以实现利润最大化;制药公司在确定了有发展前途的药物配方后,正在以更有效率的方式分配科研资源。另一方面,SARS 的爆发(突发事

结语

件)有力地证明了实时信息对公共卫生和亚洲以及多伦多经济的价值。

实时信息将会改变商业世界。管理者将不可避免地面临当前冲击——现在唯一的问题是什么时候。你会是从今天开始率先走出当前冲击(并获得利益)的人,还是会选择等待——等待当前冲击成为你事业中的突发事件或被怀疑事件?

注　释

引言

1. Keith C. Heidorn, "The 1990 Galveston Hurricane," http://www.islandnet.com/-see/weather/event/1900hurr.htm（2003年9月17日查阅）.

2. Issac M. Cline, "Special Reprot on the Galveston Hurricane of September 8, 1900," http://www.history.noaa.gov/tales/weather/cline2.htm（2002年8月10日查阅）.

3. 假设：年初初始投资额为0，以后7年中每年投资10 000美元，在不考虑通货膨胀的情况下计算投资回报。7年后，不再投入新的资金。假设年平均回报率是8%（这是财务分析中常用的标准），7年后，存款余额为96 366美元。在当前市场条件下，总和可能是60 000美元。

4. 然而，许多分析家会告诉你，所达成的协议漏洞太多以致允许投资银行再次从事投资行为，而此行为本应该停止。

5. 本书有意没有用戴尔和沃尔玛（Wal-Mart）作为例证。几年前，我听到了身为作家和幽默家的Calvin Trillin的一段广播访谈。访谈中他提到他想组织一个由从不引用De Tocqueville言论的成员所组成的美国历史学者团体。同样，致力于从一个新的视角来理解信息技术对企业的影响，我也很想开办一个由信息技术分析人士所组成的团体，团体成员绝不用戴尔和沃尔玛作为案例分析的材料。戴尔和沃尔玛的案例被人们一再使用，它们的方法与实践已深为人知。我则倾向于使用其他公司的例子来说明实时企业原理的应用，证明任何规模的公司在任何情况下都能够成功地执行该原理，而不仅仅是那些引领

注释

市场的大企业才能做到。

6. 下面这段内容引自"Report of the President's Commission on the Accident at Three Mile Island"（available at http://stellarone.com/nuclear/index.htm，2002年11月11日查阅）：

> 1997年9月，事故发生在由Babcock&Wilcox公司装备的Davis-Besse核电厂。Davis-Besse公司的一个工程师在三英里岛事故发生一年前的一个内部备忘录中指出，Davis-Besse核电厂在反应堆满负荷运转过程中出现事故是很有可能的，"堆心的损坏和放射性物质的泄漏太有可能发生了"。
>
> 他用最强烈的措辞敦促为操作者提供一个清楚的操作说明书。这个备忘录写于三英里岛事故发生前的13个月，但建议的操作说明书没有出现。
>
> 1978年1月美国核管会官员指出，三英里岛这类事故可能源于操作失误。但核管会并没有在事故发生前告知管理部门。
>
> 一位美国田纳西河流域管理局的工程师在事故发生之前对于提压水平与降压水平的问题分析了一年多之久，并将他的分析结果提交给Davis-Besse公司、核管会和核反应堆安全咨询委员会。然而，事故发生前同样没有告知管理部门。

7. "Report of the Presidential Commission on the Accident at Three Mile Island."

8. Presidential Commission on the Space Shuttle *Challenger* Accident，"Report of the Presidential Commission on the Space Shuttle *Challenger* Accident，Chapter 4"，Available at http://science.ksc.nasa.gov/shuttle/missions/51-l/docs/rogrers-commission/table-of-contents.html（2002年10月10日查阅）。

注释

9. 在1986年2月11日的一个听证会上，委员会成员之一 Nobel Laureate Richard Feynman 将 O 型密封环浸入装满冷水的容器中。几分钟后，Feynman 博士挤压密封环，清楚地证明低温会使密封环失去弹性。进而证明，如果航天飞机是在华氏53度以下发射的话，就会造成灾难〔见 Andrew Dunar and Stephen P. Waring, *Power to Explore: A History of Marshall Space Flight Center*, 1960-1990 (Washington, DC: GPO, 1999), 392, http://history.msfc.nasa.gov/book/chptten.pdf〕。委员会也在报告的第五章中陈诉道：

> 发射挑战者号的决策是有瑕疵的。制定这个决策的人没有注意到O型密封环及其连接处近年来经常出现问题的现实，也没有注意到关于密封环不能在华氏53度以下使用的书面建议，更没有注意到工程师们的持续反对意见。他们没有清楚地理解 Rockwell 对于由于垫塞上的冰所造成的发射危险的关注。

10. "Report of the Presidential Commission on the Space Shuttle *Challenger* Accident, Chapter 5."

11. U.S. Senate Select Committee on Intelligence and the U.S. House of Representatives permanent Select Committee on Intelligence, "Findings of the Final Report of the Senate Select Committee on Intelligence and the House Permanent Select Committee on Intelligence Joint Inquiry into the Terrorist Attacks of September 11, 2001," available at http://intelligence.senate.gov/pubs107.htm（2003年8月1日查阅）。

12. 作者2002年11月20日对高德纳公司高级分析员 Tom Topolinski 进行的电话采访。

第一章

1. American Institute of Physics and David Cassidy, "Heisen-

注释

berg—Quantum Mechanics, 1925-1927: The Uncertainty Principle," http://www.air.org/history/heisenberg/p08.htm（2003 年 6 月 19 日查阅）.

2. Boise State University, "Mount Saint Helens Volcanic Eruption," http://www.boisestate.edu/history/ncasner/hy210/volcano.htm（2003 年 6 月 19 日查阅）; Incorporated Research Institutions for Seismology, "NOAA images—The Eruption of Mount Saint Helens," http://www.iris.washington.edu/EandO/slidescans/sthelens/slideshow/index.htm（2003 年 6 月 19 日查阅）; Dick Thompson, *Volcano Cowboys : The Rocky Evolution of a Dangerous Science* (New York: St. Martin's Press, 2000) ,90-91.

3. Sevenska Ostindiska Companiet, "The Story of the East Indiaman *Gothenbury*," East Indiaman *Gothenbury* Museum, Gothenbury, Sweden (visited 12 April 2002) Also see Anders Wastfelt, "The Marine Archaeological Excavation of the East Indiaman *Gothenbury*," http://www.gotheborg.come/essays/awmarex.shtml（2002 年 12 月 12 日查阅）and B. Allenstrom, M. Brown and J. Lundgren, "An East Indiaman Ship and Its Safety," www.sanme.org/AM2001/paper3.pdf（2002 年 12 月 12 日查阅）.

4. Sharon Brownlee, "Early-Detection Revisionism," *New York Times Magazine*, 15 December 2002, 84.

5. U.S. Department of Defense Security Institute, "An Assessment of the Aldrich H. Ames Espionage Case and Its Implications for U.S. Intelligence," Report of the Staff of the Senate Select Committee on Intelligence, Sen. Print 103-90, 103d Cong. 2d Sess. 51 (1994). Edited version available at http://www.loyola.edu/dept/politics/intel/sab4.html（2002 年 12 月 9 日查阅）.

6. "Summary of the Hayman Fire, Colorado," August 23, 2002, http://www.wildfirecentral.org/facts/photouploads/20021008155032 - 24268.pdf

(2003 年 3 月 19 日查阅).

7. U. S. District Count, District of Colorado, *United States V. Terry Barton* ,Attachment B, June 16, 2002.

8. "Hayman Fire Info," Hayman Fire Rehab and Recovery, http://www. uppersouthplatte. org/hayman_info_htm (2003 年 3 月 16 日查阅).

第二章

1. Richard Morenus, *DEW Line: Distant Early Warning, the Miracle of America's First Line of Defense* (New York: Rand McNally, 1957).

2. Requirments for effective metrics based on Robert Eccles et al., *Value Reporting Revolution: Moving Beyond the Earning Game* (New York: Wiley, 2001),20 – 21.

3. Robert S. Kaplan and David P. Norton, "The Balanced Scorecard: Measure that Drive Performance," *Harvard Business Review*, January-February 1992, 71 – 79; Robert S. Kaplan and David P. Norton, *The Balanced Scorecard: Translating Strategy into Action* (Boston: Harvard Business School Press, 1996),8.

4. Financial Accounting Standards Board, "Qualitative Characteristics of Accounting Information," *Statement of Financial Accounting Concepts*, No. 2, Section AU 312. 10.

第三章

1. Loyola University Political Science Department, ed., "An Assessment of the Aldrich H. Ames Espionage Case and Its Implications for U. S. Intelligence," http://www. loyola. edu/dept/politics/intel/sab4. html (2002 年 12 月 9 日查阅).

2. 同上。

注释

3. Loyola University Political Science Department, ed., "An Assessment of the Aldrich H. Ames Espionage Case and Its Implications for U. S. Intelligence," http://www.loyola.edu/dept/politics/intel/sab4.html（2002年12月9日查阅）.

4. Greg Rayburn,作者曾经在2002年11月对其进行采访。Greg Rayburn是一个注册会计师、注册舞弊核查师、美国企业重建协会理事、美国注册会计师协会理事、美国破产学会会员。

5. 像大多数其他电信运营商一样,世界通信公司经常使用第三方网络运营商的设备为其客户服务。由世界通信公司向这些网络运营商所付的费用称为线路支出。

6. Arthur Levitt, "The Numbers Game"（Speech delivered at the New York University Center for Law and Business, New York, 28 September 1998）. Available at http://www.sed.gov/new/speecharchive/1998/spch220.txt（2002年10月17日查阅）. Levitt was former chairman of the securities and Exchange Commission.

7. Bernard Ebbers, "MCI Worldcom"（speech delivered at National Press Club, Washington DC, 12 January 2002）. Ebbers是世界通信公司的总裁。

8. Paul Becket, "National Century Trouble Was Longstanding," *Wall Street Journal*, 21 November 2002; Edward Iwata, "National's Downfall Came Two Years After Signs Surfaced," *USA Today*, 24 November 2002; Jackie Spinner, "Healthcare Receivables Trade Grows: Uncertain Payment Process Expands Risk," *Washington Post*, 25 December 2002.

9. Michael Gregory, "NCFE Suit Targets Practically Everyone," asset securitization report, 2 June 2003.

10. Becker, "National Century Trouble Was Longstanding."

11. 不知道是不是因为受到俄亥俄州保健金融公司丑闻的影响,美一银行于2003年7月出售了它的企业信托业务 Mike Pramik,

"Chicago-Based Bank One to Sell Corporate Trust Business," *Columbus Dispatch*, 25 July 2003.

12. "United Pilot Contract Could Be Most Expressive Ever," *Reuters News*, 28 August 2000.

13. "United Airlines Contract with Machinists and Ramp Workers Still to Come," *Airline Industry Information*, 29 August 2000; "Tentative Agreement Reached in United Airlines Strike," *United Press International*, 28 August 2000.

14. Patricia Richardson, "Dogfight at UAL; Pilot Chief Outmaneuvers CEO in Showdown," *Crain's Chicago Business*, 28 August 2000,1.

15. Mark Pilling, "Labour Peace Comes with a High Price Tag at Delta," *Airline Business*, May 2001,15; Barbara Cook and David Jonas, "Delta, Pilots Tentatively Agree, Labor Issues Loom Large," *Business Travel News*, 7 May 2001,12.

16. Steve Wilhelm, "Boeing Positioned for Strong, Profitable 2001," *Puget Sound Business Journal News*, 29 December 2004,14.

17. Leo Mullin(prepared remarks presented at Delta Air Lines, Inc., 2001 Annual Shareowners' Meeting, 26 April 2001), http://www.delta.com/docs/lfmannual01.doc（2002年11月26日查阅）。从三角洲航空公司的投资关系部也获得了该份资料。Mullin 是德尔塔航空公司的 CEO。

18. 作者对 Eric Amel 的电话采访录音，2002年10月25日。

第四章

1. Malcolm Gladwell, *The Tipping Point: How Little Things Can Make a Big Difference* (Boston: Little Brown, 2000), 30–33.

2. Mary Flood, "VP's Memo: Has Enron Become a Risky Place?" *Houston Chronicle*,16 January 2002.

注释

3. Boeing 10K Report, 1995, http://www. sec. gov/Archives/edgar/data/12927/0000012927-96-00003. txt（2002年12月28日查阅），23.

4. Stanley Holmes and Mike France, "Boeing's Secret," *Business Week*, 20 May 2002.

5. Boeing, "Boeing Report 1997 3rd Quarter Result," 24 October 1997, http://www. boeing. com/news/release/1997/news_release_971024a. html（2002年12月29日查阅）.

6. Neil Bennett, "Business Profile: Boeing's Topic Gun," *Daily Telegraph*, 29 July 2001.

7. Chuck Taylor, "Streamlining Contributed to Supply Snafus," *Seattle Times*, 26 October 1997.

8. Stanley Holmes, "Boeing Risk Backfired Last Week", *Seattle Times*, 26 October 1997.

9. 同上。

10. Holmes and France, "Boeing's Secret."

11. 同上。

12. Taylor, "Streamlining Contributed to Supply Snafus."

13. 同上。

14. 波音的生产问题及其宣布的损失被一些股东提起集体诉讼。起诉书声称波音瞒报生产问题，没有恰当地报告与这些问题有关的成本。波音公司已经开始调停这个起诉，但是对诉讼中的某些问题双方还存在分歧。在发布于《商业周刊》的声明中，波音公司的发言人说，波音公司已经决定调停此案。在公司宣布将总部迁出华盛顿后，公司正纠缠于这个涉及复杂的会计问题的案子之中。该案是由西雅图的一个陪审团裁决的。

15. "Job Behind Schedule Chart," http://securities. standford. edu/1012/BA97/order. html（2003年2月15日查阅）.

16. 参见 Hugh Courtney, 20/20 *Foresight: Crafting in an Un-*

certain World（Boston：Harvard Business School Press，2001）。

17. Robert Berner, and Heather Timmons, "Sears：A Slippery Slope Made of Plastic," *Business Week*, 6 May 2002.

18. Robert Berner, "Sears：A Horse Race for the Top Job," *Business Week*, 10 July 2000.

19. Robert Berner, "How Plastic Put Sears in a Pickle," *Business Week*, 30 October 2002; Berner, and Timmons, "Sears."

20. Joe Hallinan and Amy Merrick, "Credit Cards Swipe Sears Profits," *Wall Street Journal*, 11 February 2003.

21. Constance L. Hayes, "A Bet on Credit Cards Becomes Messy at Sears," *New York Times*, 10 November 2002.

22. *Kevin T. Keleghan vs Sears, Roebuck and Co. and Alan J. Lacy*. Case No. 02L938, Lake County(III.) Circuit Court, filed 18 November 2002.

23. Hallinan and Merrick, "Credit Cards Swipe Sears Profits."

24. Robin Sidell, Army Merrick, and Joe Hallinan, "Credit Cards Swipe Sears Profits," *Wall Street Journal*, 26 March 2003; Dina ElBoghdady and Caroline Mayer, "Citigroup to Buy Sears Credit Unit; Retailer to Shift Focus with ＄3 Billion Sale," *Washington Post*, 16 July 2003.

第五章

1. Karen l Burcham and Alexander E. Smith, "Precision Landing System" (paper presented at the Air Traffic Control Association Proceedings, Arlington, VA, 30 September – 3 October 1991), 3, http：//www. rannoch. com/PDF/precision. pdf（2003年1月10日查阅）。

2. Alan Staats, "Thwarting Skyjackings from the Ground," FACSNET, http：//www. facsnet. org/issues/specials/terrorism/

注释

aviation. php3（2003年1月10日查阅）。

3. "我们将投资开发维护空中安全的新技术,我们将拨款开发不会与驾驶舱中断联系的询问机,开发录像监控器,以使飞行员能够对机舱内的问题保持警惕,我们还要关注所有能够确保航空安全的技术,包括能使控制台接管出事的飞机以及通过远程控制使飞机降落的技术。"(总统对机场工作人员的讲话,芝加哥 O'Hare 国际机场,2001年9月27日) http://www.whitehouse.gov.news/release/2001/09/20010927-1.html（2003年1月11日查阅）。

4. Alan Greenspan, "Economic Volatility," Speech at symposium sponsored by the Federal Reserve Bank of Kansas City, Jackson Hole, Wyoming, 30 August 2002, http://www.federalreserve.gov/boarddocs/speeches/2002/20020830/default.htm.

5. 作者对 Mike Farrar 和 Dan Johnson 的电话采访,2003年2月24日。Mike Farrar 是公司营销部副总裁,Dan Johnson 是公司建设部副总裁。下面引用的 Farrar 和 Johnson 的谈话均来自于这次访谈。

6. 琥珀木家居建筑公司是一个私人开办的公司,无须公布财务报告。

7. 作者于2003年3月7日对 Ron Hunt 和 Michael Relich 的电话采访。Hunt 是威特斯欧公司的运营经理,Relich 是公司的 CIO。下面所引用的 Hunt 和 Relich 的谈话均来自于这次访谈。

8. Relich 指出,从前曾采用类似的系统,但拨号联网的速度不能满足信息传输的需要。假如每条线路月均成本是20美元的拨号联网系统不能满足传输需要的话,而我们采用 DSL 宽带联网的方式可以使我们很容易地传送大量的数据,那么每条线路月均40美元的成本是合适的。

9. Norihiko Shirouzu, "Under the Hood: At Ford. Revamp Means Rebuilding a Wrecked System," *Wall Street Journal*, 17 October 2003; "Ford Runs 20% Ahead of Targets to Reduce Its Per-

Vehicle Costs," *Wall Street Journal*, 17 September 2002; Jamie Butters, "Ford Sees Expense, Job Cut Goals Met," *Detroit Free Press*, 17 September 2002; Jamie Butters, "At Ford: Cut Costs or Else," *Detroit Free Press*, 22 September 2002; Betsy Morris, "Can Ford Save Ford?" *Fortune*, 18 November 2002, 52.

10. 德国德累斯顿银行股份公司是德累斯顿银行的投资银行分部，隶属于安联集团（Allianz Group）。德累斯顿银行的实时风险管理系统与许多金融服务公司相同。

11. Michael Crouhy, Dan Galai, and Robert Mark, *Risk Management* (New York: McGraw Hill, 2001), 1–41.

12. "衍生产品：是通过现货市场工具的组合而产生的一种金融工具。衍生产品可以是权益、商品、利息或通货。" Robert J. Schwartz and Clifford W. Smith, Jr., Eds., *Derivatives Handbook, Risk Management and Control* (New York: wiley, 1997), 634.

13. Bank of England, "Extract from the Conclusion of the Bank of England Report on the Collapse of Barings," *Bank of England Report on Barings*, Section 13.6, available at http://www.numa.com/ref/barings/bar02.htm（2003年1月15日查阅）.

14. 在此，我要感谢我的同事 Mary Knox，她的研究使我了解了德累斯顿银行的业务。"Real-time Risk Management and Capital Allocation," Case Studies CS-18-0958, Gartner, Inc., 2002.

15. 根据作者与 Louise Beeson 和 Karen Laureno-Rikardsen 所进行的电话采访录音整理而成，2003年1月7日。

16. B. J. Hodge, Willam P. Anthony, and Lawrence M. Gales, *Organizational Theory: A Strategic Approach* (Upper Saddle River, NJ: Prentice Hall, 1996), 60.

17. eBay, Inc., "Our Mission," *Company Overview*, http://pages.ebay.com/community/aboutebay/pverview/index.html（2003年1月10日查阅）.

注释

18. :n/e/tsurf,"Items Sold On eBay Which Made Headline News,"http://www.netsurf.ch/ebaywatch.html（2003年1月10日查阅）.

19. Eric Young, "eBay to Ban All Hate-Related Items," *Industry Standard*, 3 May 2001; eBay, Inc., "eBay Revises Listing Policy; Expanded Policy Bans Most Historical Artifacts Associated with Nazi Germany and Hate Groups," eBay news release, 3 May 2001, http://www.shareholder.com/eBay/news/2001050340497.htm（2003年1月10日查阅）; *eBay Selling Policies*, http://pages.ebay.com/parts/help/community/png-remains.html 10 January 2003.

20. Ron Harris, "Elian for Auction," Associated Press, 28 April 2000.

21. :n/e/tsurf, "Items Sold on eBay Which Made Headline News."

22. 同上。

23. 同上。

24. "Columbia Timeline to Disaster," *Sky News*, http://uk.news.yahoo.com/030202/140/dqm5b.html（2003年2月6日查阅）.

25. 作者对 Maynard Webb 的采访录音,于圣何塞,2002年5月23日。Webb 是易趣公司 CIO。

第三部分

1. P. A. David, "Computer and Dynamo: The Modern Productivity Paradox in a Not-Too-Distant Mirror" (Stanford, CA: Center for Economic Policy Research, 1989).

第六章

1. David A. Bosnich, "The Principle of Subsidiary," *Journal of Religion and Liberty* 6, no. 8(1996), http://www.acton.org/pub-

lic/randl/article. php？id＝200（2003 年 2 月 12 日查阅）.

2. 作者对 Audio 公司的 CEO、CFO 和 COO 的电话采访，2002 年 11 月 11 日。

3. General Motors, Inc. , "Pension Review with Security Analysts and Media,"20 August 2002，http：//www. gm. com/company/investor_information/docs/presentations/pension_8_20_2002. pdf（2003 年 2 月 16 日查阅）.

4. David Welch and Kathleen Kerwin"Risk Wagoner's Game Plan", *Business Week* ,10 February 2003.

5. Randy Williams, "Headshot：G. Richard Wagoner, GM's New Forward, Defends Against Market Share Slide,"*Hoover's Online*, 25 July 2000, http：//www. hoovers. com/features/headshot. html（2003 年 2 月 10 日查阅）.

6. 作者对 G. Richard Wagoner 的采访录音，底特律，2003 年 3 月 5 日。Wagoner 是通用汽车公司的总裁、CEO 兼董事长。

7. 作者对 Pat Morrissey 的采访录音，底特律，2003 年 3 月 5 日。Morrissey 是通用汽车公司的通信主管。下面引用 Morrissey 的谈话都来自于这个录音。

8. 通用汽车公司测定质量的三个阶段是"最后一道生产线"、"动态汽车检测"和"生产线保养"。

9. 作者对通用汽车公司北美区域总裁 Gary Cowger 的采访录音。下面引用 Cowger 的谈话都来自于这个录音。

10. Dustin Braun et al. , "Toyota Motor Manufacturing," http：//legacy. csom. umn. edu/CNFiles/CM/Fal2002/62_Toyota_Presentation. ppt（2003 年 3 月 7 日查阅）.

11. Welch and Kerwin, "Rick Wagoner's Game Plan."

12. 作者对 Wagoner 的采访。

13. General Motors, *Corporate History*, 1984, http：//www. gm. com/company/corp_info/history/gmhis1980. html（2003 年 3 月

注释

7日查阅).

14. 作者对Wagoner的采访.

15. 作者对Jerry Elson的采访录音,底特律,2002年2月5日。Elson是北美地区汽车运营副总裁。下面引用Elson的谈话都来自于这个录音。

16. 作者对James Queen的采访录音,底特律,2003年2月6日。Queen是通用汽车公司北美工程设计部门副总裁。下面引用Queen的谈话都来自于这个录音。

17. 作者对Wagoner的采访.

18. General Electric, "Cultural Change Process," http://www.ge.com/en/company/news/culture.htm (2003年3月6日查阅).

19. 作者对Wagoner的采访.

20. Harbour In., "The 2002 Harbour Report," http://www.harbourinc.com (2003年2月8日查阅).

21. 作者对Wagoner的采访.

第七章

1. Horst Kohler, "The Challenges of Globalization and the Role of the IMF" (paper presented at the Annual Meeting of the Society for Economics and Management, Humboldt University, Berlin, Germany, 15 May 2003) available at http://www.inf.org/external/np/speeches/2003/051503.htm (2003年7月22日查阅). Kohler是国际货币基金组织的常务董事。

2. Stanley Fisher, "The Asian Crisis: A View from the IMF" (paper presented at Midwinter Conference of the Bankers' Association for Foreign Trade, Washington, DC, 22 January 1998). Available at http://www.imf/org/external/np/speeches/1998/012298.htm (2002年11月18日查阅).

3. 作者于2002年2月5日对Jerry Elson所进行的电话采访。

Elson 是通用汽车公司北美汽车部副总裁。

4. Valerie Alvord, "L. A. Latest City to Fight Against False Alarms; Rule Requires Alarm Companies to Verify Crime Before Calling Police," *USA Today*, 21 February 2003.

5. 作者于 2003 年 2 月 9 日对 Ron Hunt 所进行的电话采访。

6. 节选自 Carol Rozwell, "Real Time Takes Time: Reshaping Attitudes and Behaviors," Report Number COM - 14 - 7138, Gartner Inc., 28 November 2001。

7. Alan Greenspan, "Aging Global Population," testimony before the U. S. Senate Special Committee on Aging, Washington, DC, 27 February 2003.

8. *Wall Street Journal*, 28 February 2003 CI.

9. 来自作者对 Hunt 的采访。

10. C. K. Prahalad and Gary Hamel "The Core Competence of the Corporation," *Harvard Business Review*, May - June 1990.

11. Ken Mcgee, "Aging Population Pose Opportunities and Problems," GartnerG2 reprot, 21 September 2001.

12. Rebecca Blumenstein, Joann S. Lublin, and Shawn Young, "Sprint Forced Out Top Executives over Questionable Tax Shelter," *Wall Street Journal*, 5 February 2003; Laurie P. Cohen, Kate Kelly and Deborah Solomon, "NYSE's Reed Scraps Report, Plans New One—A Top-to-Bottom Examination Is Set of Exchange's Governance; Lead Director McCall Resigns," *Wall Street Journal*, 26 September 2003, CI.

13. Louis Lavelle, "Rebuilding Trust in Tyco," *Business Week*, 25 November 2002.

14. Price Waterhouse Financial and Cost Management Team, *CFO: Architect of the Corporation's Future* (New York: Wiley, 1997), 15 - 23.

注释

15. 参见 Thomas Bass, "Road to Ruin," *Discover*, May 1992, 1.

16. 很显然,这个类比并不完美,但它是有用的。注意,在这两个案例中制衡的第三方都是最高法院:在行政管理中,最高法院裁决行政和立法机构的行为是否符合宪法;在企业经营中,最高法院代表法律规则。

17. 美国国家审计总署, www.gao.gov, 2003 年 3 月 12 日。请注意,到 2003 年(2003 年秋天),审计总署正在研究制定一套反映美国国家绩效指标的建议书。但还没有提到实时监控这些指标。显然,在这方面,美国审计总署相当于一个 CMO 的角色。参见 www.gao.gov/npi。

18. Sherron Watkins, "开放报告"(资料由美国众议院能源和贸易委员会负责监管和调查的小组委员会提供,华盛顿,2002 年 2 月 14 日)。当 Watkins 女士注意到公司处理伙伴关系的方式有实质性的违规行为时,Jeffrey Skilling 正担任安然公司的 CEO, Andrew Fastow 正担任安然公司的 CFO。

19. Sarbanes-Oxley Act (Pub. L. No. 107-204, 116 Stat. 745), Section 806, amended 18 U.S.C. § 1514 A to provide protection for whistleblowers.

20. 作者对 Michael Useem 的电话访谈,2003 年 7 月 11 日。

21. Lavelle, "Rebuilding Trust in Tyco."

22. 可参见《华尔街日报》的公司治理版块,2003 年 2 月 24 日。

第八章

1. PicewaterhouseCoopers, "Fifth Annual Global CEO Survey: Uncertain Times, Abundant Opportunities," 2001, http://www.pwcglobal.com/gx/eng/ins-sol/surveyrep/ceo/PwC_Global_CEO_Survey.pdf (2002 年 10 月 17 日查阅)。

2. 作者对 Michael Relich 的电话采访,2003 年 3 月 7 日。

3. 该图也说明,在扩张时期 IT 支出的增长是大多数企业资本投资增长的原因。

4. 作者对 Relich 的采访。

5. Marianne Kobalsuk McGee,"Better Data, Better Decisions?" *Information Week*,16 September 2002, 48.

6. 作者对 Dan Johnson 的电话采访,2003 年 2 月 24 日。

7. 参见 Section 121(a) and 122(5) of the Delaware General Corporation Law, Delaware Code Annotated Title 8, Available at http://www.delcode.state.de.us(2003 年 2 月 24 日查阅)。

8. *Malone V. Brincat*, 722A.2d 5(Del. 1998).

9. "General Corporations", http://www.theincorporatiors.com/corp_general.html(2003 年 2 月 12 日查阅)。

10. 参见 Section 141 (e) of the Delaware General Corporation Law, Delaware Code Annotated Title 8, available at http://www.delcode.state.de.us(2003 年 5 月 16 日查阅)。

11. "General Corporations."

12. Ty R. Sagalow, "Directors and Officers Liability Insurance," *The Directors Handbook Series* (Deerfield. Illinois: National Association of Corporate Directors, 1999).

13. 保险业不当行为的标准定义是:由已经投保的公司董事或重要职员在其职责范围内作出实际或者是所谓的错误、疏忽、虚假陈述、误导性陈述以及违背职责的行为。

14. Business Cycle Dating Committee, "The Business Cycle Peak of March 2001," National Bureau of Economic Research, Washington, DC, 26 November 2001.

15. Bureau of Economic Analysis, "National Income and Product Accounts Second Quarter 2002 GDP (advance) Revised Estimates: 1999 Through First Quarter 2002," U. S. Department of Commerce, 31 July 2002.

16. Securities and Exchange Commission, "Quarterly Reports

注释

on Form 10 - Q and Form 10 - QSB," *Rule 13a - 13*（17CFR 240. 13a - 13）.

17. 当前规则要求在下列事项发生的 15 日内呈报文件：(1)登记人发生变更；(2)购置或者是处置资产；(3)破产或者处于破产管理中。如果发生以下事项，要求在发生后的 5 日内呈报文件：(1)公司的注册会计师发生变更；(2)公司董事辞职。参见 http://www. sec. gov/divisions/corpfin/forms/8-k. htm（2003 年 6 月 9 日查阅）。

18. Securities and Exchange Commission, "Rule as to the Use of Form 10Q"(Washington, DC: Securities and Exchange Commission. Available at http://www4. law. cornell. edu/uscode/15/78m. html（2003 年 6 月 9 日查阅）. Securities and Exchange Commission, "Rule as to the Use of Form 10K" (Washington, D. C. : Securities and Exchange Commission. Available at http://www4. law. cornell. edu/uscode/15/78m. html（2003 年 6 月 9 日查阅）.

19. Securities and Exchange Commission, "SEC to Propose New Corporate Disclosure Rules," press release (Washington, DC, 13 February 2002).

结语

1. Alvin Toffler, *Future Shock* (New York: Random House, 1970), 2.

2. Mary Bellis, "The History of the Telegraph," http://inventors. about. com/library/inventors/bltelegraph. htm（2003 年 3 月 15 日查阅）。

作者介绍

肯尼思·G. 麦基（Kenneth G. McGee）是高德纳集团副总裁兼研究员，该公司是一个专注于信息技术和创业增长研究与咨询的公司。自1989年起，麦基就在高德纳任职，现在正在一个新的领域——实时企业——开展研究。他也关注信息技术是如何影响社会、政府和经济发展的，这些影响反过来从根本上改变了企业的组织结构和管理实践。他曾经担任公司的高级分析人员，工作范围涵盖全球网络服务提供商、网络组织和网络资源外包。在加盟高德纳之前，他是伦敦所罗门兄弟（Salomon Brothers）公司国际电信部门的副总裁和主管，也曾在花旗集团北美投资银行和高盛公司（Goldman, Sachs & Co.）担任过高级信息技术管理职务。